Konstruktion, Berechnung und Eigenschaften des deutschen Einkommensteuertarifs

Andreas Pfeifer

Konstruktion, Berechnung und Eigenschaften des deutschen Einkommensteuertarifs

Praktische Beispiele mit Excel

Verantwortlich im Verlag: Vivien Bender

 Springer Gabler

Andreas Pfeifer
Groß-Zimmern, Deutschland

ISBN 978-3-658-36082-5   ISBN 978-3-658-36083-2 (eBook)
https://doi.org/10.1007/978-3-658-36083-2

Die Deutsche Nationalbibliothek verzeichnet diese Publikation in der Deutschen Nationalbib-
liografie; detaillierte bibliografische Daten sind im Internet über http://dnb.d-nb.de abrufbar.

Springer Gabler

Planung/Lektorat: Vivien Bender
Springer Gabler ist ein Imprint der eingetragenen Gesellschaft Springer Fachmedien Wiesbaden
GmbH und ist ein Teil von Springer Nature.
Die Anschrift der Gesellschaft ist: Abraham-Lincoln-Str. 46, 65189 Wiesbaden, Germany

In dieser Welt ist nichts gewiss, außer Tod und Steuern.
Benjamin Franklin, amerikanischer Politiker, 1706–1790

Die einzige Steuer, über deren Kleinheit bisweilen geklagt wird, ist die Aussteuer.

Herr Müller erscheint auf dem Finanzamt und fragt den Beamten:
„Passt es Ihnen, wenn ich im Juli Urlaub nehme?"
Erstaunt schaut ihn der Finanzbeamte an: „Warum fragen Sie mich?
Sie sind doch gar nicht bei uns angestellt."
„Das nicht, aber ich arbeite fast das ganze Jahr für Sie."

„Ich möchte mein Geld in Steuern anlegen", sagt der Kunde zum Bankberater.
„Warum?"
„Ich habe gehört, die steigen demnächst."

„Denen werd' ich´s aber geben!", sagte der Steuerzahler erregt, als er das Finanzamt betrat.

„Woher kennt denn ihre Tochter die schlimmen Schimpfwörter?", fragt eine Mutter
bei der Geburtstagsfeier eine andere. Diese antwortet: „Ich weiß nicht. Von den
Kindern auf dem Spielplatz vor dem Finanzamt bestimmt nicht."

Vorwort

Allen Steuerpflichtigen ist die Einkommensteuer bekannt. Aber nur wenige wissen, wie sie berechnet wird. Und kaum jemand weiß, wie der Steuertarif gebildet wird. Alle wichtigen Begriffe rund um den Einkommensteuertarif, wie Grenzsteuersatz oder kalte Progression, um nur zwei zu nennen, werden nicht nur erklärt, sondern auch mit genauen Berechnungen und Beispielen dargelegt.

Das Buch eignet sich für alle, die über den Einkommensteuertarif und dessen Eigenschaften genauer Bescheid wissen wollen oder müssen. Es ist auch für Personen nützlich, die ihre Steuerbeträge – beispielsweise aus dem Jahressteuerbescheid – überprüfen wollen. Interessant ist es ebenso für die Lehre. Nicht nur an Universitäten und Hochschulen kann die Einkommensteuer in Mathematik-Lehrveranstaltungen für Praxis-Beispiele von Funktionen, Ableitungen und Grenzwerte dienen. Aber auch Lehrerinnen und Lehrer an Gymnasien und Berufsschulen können die Einkommensteuer für die Erstellung praxisbezogener sehr elementarer, aber auch komplizierte Übungsaufgaben für die Sekundarstufe I und II verwenden. Fast die gesamte Analysis kann anhand der Einkommensteuer erklärt und verdeutlicht werden. Die Einkommensteuer eignet sich sogar für ganze Schüler-Projekte.

Es wird nicht nur auf die mathematischen Formeln und deren Herleitung, sondern auch auf praktische Beispiele Wert gelegt.

Aufbau des Buches:

Ausführlich werden im Kap. 1 der deutsche Einkommensteuertarif beschrieben sowie dessen Berechnung und dessen Eigenschaften – wie Monotonie, Stetigkeit, Differenzierbarkeit – dargestellt. Begriffe wie **Grenzsteuersatz, Eingangssteuersatz** und **Durchschnittssteuersatz** werden erklärt. Formeln zur Umsetzung in einem Kalkulationsprogramm wie beispielsweise Microsoft Excel werden angegeben

Im Kap. 2 wird dann die Abgeltungssteuer, eine besondere Form der Einkommensteuer behandelt.

Im Kap. 3 wird ausführlich erläutert, wie die **Zahlenwerte im Einkommensteuertarif** zustande kommen. Dazu werden allgemeine Formeln angegeben, sodass auch bei geänderten Eingangswerten die neuen Steuerformeln selbst leicht ermittelt werden können.

Anschließend werden im nächsten Kapitel spezielle Probleme bei der Berechnung der Einkommensteuer behandelt: Zunächst wird die Bedeutung der **kalten Progression** erklärt. Dann wird auf die **Günstigerprüfung** sowie den **Progressionsvorbehalt** bei steuerfreien Einkünften umfassend eingegangen. Dabei wird auch der Grenzsteuersatz für steuerfreie Einkünfte unter Progressionsvorbehalt angegeben.

Im Kap. 5 wird auf den **österreichischen Einkommensteuertarif** eingegangen. Auch die **Vorgehensweise in der Schweiz** wird kurz beschrieben. Die **Einkommensteuer** kann **sehr sinnvoll im Schulunterricht** eingesetzt werden, um praxisrelevanten Mathematik- und Informatikunterricht zu gestalten: Dies wird im Kap. 6 erläutert.

Zusätzlich zur Einkommensteuer gibt es auch noch den **Solidaritätszuschlag**, der in bestimmten Fällen zusätzlich zu zahlen ist. Er wird im Kap. 7 behandelt.

Ausgangspunkt für dieses Buch war ein kurzes Kapitel über die Einkommensteuer aus dem Anhang meines Buches „Finanzmathematik – Lehrbuch für Studium und Praxis".

Für Anregungen, Hinweise und Verbesserungsvorschläge bin ich sehr dankbar.

Groß-Zimmern, Deutschland   Andreas Pfeifer
Oktober 2021

Inhaltsverzeichnis

Über den Autor

Prof. Dr. Andreas Pfeifer lehrte Finanz- und Wirtschaftsmathematik an der Hochschule Darmstadt. Er ist Autor des Fachbuches „Finanzmathematik – Lehrbuch für Studium und Praxis" sowie weiterer Bücher und Fachartikel über Finanz- und Wirtschaftsmathematik.

Einkommensteuer in Deutschland

1

Die Einkommensteuer (Abkürzung ESt) ist eine Steuer, die vom Staat auf das Einkommen von natürlichen Personen[1] erhoben wird. Gesetzliche Grundlage bildet das Einkommensteuergesetz (EStG). In der Behörden- oder Fachsprache und im Gesetzestext wird bei den Zusammensetzungen mit „– steuer" das Fugen-s weggelassen. Neben diesem Gebrauch ist laut Duden auch die Schreibweise mit Fugen-s korrekt, z. B. Einkommenssteuer oder Abgeltungssteuer. In diesem Buch wird die fachsprachliche Schreibweise verwendet, also ohne Fugen-s.

Die Berechnung der Einkommensteuer erfolgt dabei pro Kalenderjahr. Wenn monatliche Zahlungen erfolgen – wie beispielsweise bei der Lohnsteuer – werden diese aus der Jahresberechnung abgeleitet. Von der Einkommensteuer erhalten Bund und Länder aktuell jeweils 42,5 Prozent, Die Gemeinden bekommen 15 Prozent.

1.1 Einkunftsarten

Im deutschen Einkommensteuergesetz gibt es insgesamt sieben Einkunftsarten. Der Einkommensteuer unterliegen die Einkünfte

1. aus Land- und Forstwirtschaft,
2. aus Gewerbebetrieb,
3. aus selbstständiger Arbeit,
4. aus nichtselbstständiger Arbeit,

---

[1] Unter „natürlicher Person" wird jeder Mensch ab Vollendung der Geburt bis zum Tod verstanden.

© Der/die Autor(en), exklusiv lizenziert durch Springer Fachmedien Wiesbaden GmbH, ein Teil von Springer Nature 2022
A. Pfeifer, *Konstruktion, Berechnung und Eigenschaften des deutschen Einkommensteuertarifs*, https://doi.org/10.1007/978-3-658-36083-2_1

5. aus Kapitalvermögen (z. B. Zinseinkünfte. Bei Anwendung der Abgeltungsteuer, siehe Kap. 2, unterliegen Kapitalerträge nicht der tariflichen Einkommensteuer nach § 32a des Einkommensteuergesetzes),
6. aus Vermietung und Verpachtung sowie
7. die sonstigen Einkünfte (z. B. Einkünfte aus einer Rente).

Einkünfte sind bei Land- und Forstwirtschaft, Gewerbebetrieb und selbstständiger Arbeit jeweils die Gewinne. Der Gewinn ist als Überschuss der Betriebseinnah-
men über die Betriebsausgaben zu ermitteln.[2] Betriebsausgaben sind Aufwendungen, die durch den Betrieb oder die selbstständig ausgeübte Tätigkeit veranlasst
sind. Bei den übrigen vier Einkunftsarten sind zur Ermittlung der Einkünfte von
den Einnahmen aus der jeweiligen Einkunftsart alle Aufwendungen abzuziehen,
die zur Erwerbung, Sicherung und Erhaltung der Einnahmen bestimmt sind. Diese
Aufwendungen heißen **Werbungskosten.**

Die **Summe der Einkünfte**, vermindert um mögliche Abzugsbeträge, heißt
Gesamtbetrag der Einkünfte, siehe Abb. 1.1. Wenn von diesem Gesamtbetrag
der Einkünfte Sonderausgaben, außergewöhnliche Belastungen und verschiedene
Verlustabzüge subtrahiert werden, ergibt sich daraus das **Einkommen.**

Das Einkommen vermindert um gewisse Freibeträge (z. B. Freibeträge für Kin-
der) und andere Beträge ergibt dann das **zu versteuernde Einkommen**, abgekürzt
mit zvE. Diese Größe ist die Grundlage zur Berechnung der Höhe der Einkommensteuer.

Aus dem zu versteuernden Einkommen wird die **tarifliche Einkommensteuer**
berechnet. Die tarifliche Einkommensteuer vermindert um bestimmte Steuerermä-
ßigungen bzw. Entlastungsbeträge und erhöht um gewisse Zuschläge ergibt die
festzusetzende Einkommensteuer.

Die Euro-Beträge, um die es bei der Einkommensteuer geht, sind zusammenge-
nommen sehr hoch. Für das letzte vom Statistischen Bundesamt angegebene Jahr,
dem Jahr 2017, wurden in Deutschland insgesamt für 1419,4 Milliarden Euro zu
versteuerndes Einkommen 303,7 Milliarden Euro an Einkommensteuern festge-
setzt, siehe Abb. 1.1.

Die Aufteilung, angeordnet nach dem Gesamtbetrag der Einkünfte, ist in der
Abb. 1.2 dargestellt. Im Jahr 2022 werden es schätzungsweise über 350 Milliarden
Euro Einkommensteuern sein, die der deutsche Staat einnimmt.

---

[2] Er wird in bestimmten Fällen auch durch Betriebsvermögensvergleich oder nach Durch-
schnittssätzen ermittelt.

Abb. 1.1 Einkommen und Steuerbeträge für das Jahr 2017. Für Fälle ohne Einkommensteuerveranlagung: Einbehaltene Lohnsteuer. Stand: 18. Mai 2021. (Quelle: Statistisches Bundesamt (Destatis) 2021)

Merkmal	Milliarden Euro
Einkünfte	
aus Land und Forstwirtschaft	10,6
+ Gewerbebetrieb	159,6
+ selbstständige Arbeit	89,1
+ nichtselbstständige Arbeit	1 310,5
+ Kapitalvermögen	7,5
+ Vermietung und Verpachtung	36,1
+ Sonstige	83,2
= Summe der Einkünfte	1 696,7
− Altersentlastungsbetrag	4,1
− Entlastungsbetrag für Alleinerziehende	2,3
= Gesamtbetrag der Einkünfte	1 689,9
− Verlustabzug	4,4
− Sonderausgaben	215,7
− außergewöhnliche Belastungen	14,0
− Altersvorsorgebeiträge	6,3
− Steuerbegünstigungen	0,5
= Einkommen	1 452,1
− Kinderfreibetrag	32,5
= zu versteuerndes Einkommen (zvE)	1 419,4
= tarifliche Einkommensteuer	299,0
− Steuerermäßigungen	15,8
+ hinzuzurechnendes Kindergeld	10,3
+ Anspruch auf Altersvorsorgezulage	0,9
+ hinzuzurechnende Steuer nach § 32d EStG	9,5
= festzusetzende Einkommensteuer	303,7

Bei Investitionsentscheidungen müssen Abschreibungen und Steuern unbedingt mit berücksichtigt werden. Aber auch bei Geldanlagen sollten Steuern mit einbezogen werden, denn die Rendite bei Steuern kann sich deutlich von der Rendite ohne Einbeziehung von Steuern unterscheiden. Beispiele für Abschreibungen und Renditeberechnungen mit Steuern sind in Pfeifer (2016) angegeben.

Gesamtbetrag der Einkünfte von ... bis unter ... Euro		Gesamtbetrag der Einkünfte		Zu versteuerndes Einkommen	Festgesetzte Einkommensteuer	
		Steuerpfl.	1000 Euro	1000 Euro	Steuerpfl.	1000 Euro
Verlustfälle						
<	-500.000	734	-1.264.265	-125.649	104	60.750
-500.000	-	-250.000	894	-305.470	-56.103	88	17.542
-250.000	-	-125.000	1936	-337.490	-75.964	143	33.429
-125.000	-	-50.000	5952	-451.759	-143.776	247	32.586
-50.000	-	-25.000	9767	-340.645	-145.798	249	31.386
-25.000	-	0	195.452	-850.834	-786.824	2151	70.219
	zusammen	214.735	-3.550.463	-1.334.114	2982	245.912
Gewinnfälle						
0	-	2500	4.162.161	3.095.556	1.750.626	694.353	180.415
2500	-	5000	1.651.879	6.036.538	4.329.990	463.575	152.276
5000	-	7500	1.297.209	8.101.538	6.270.518	396.810	188.149
7500	-	10.000	1.414.776	12.394.806	9.985.173	415.187	244.362
10.000	-	12.500	1.591.810	17.958.327	14.531.268	892.853	379.779
12.500	-	15.000	1.755.485	24.117.200	19.349.405	1.422.854	765.446
15.000	-	20.000	3.454.223	60.419.859	49.256.752	2.810.303	3.222.833
20.000	-	25.000	3.368.160	75.730.164	62.804.955	2.886.577	5.601.923
25.000	-	30.000	3.176.336	87.237.244	72.748.831	3.054.998	8.081.194
30.000	-	37.500	4.277.230	143.912.196	120.905.003	4.228.223	16.446.674
37.500	-	50.000	5.144.737	222.544.844	185.797.797	5.124.044	30.408.851
50.000	-	75.000	5.312.929	322.397.012	269.752.788	5.303.693	52.815.330
75.000	-	100.000	2.326.892	199.833.025	161.543.260	2.323.838	38.718.435
100.000	-	125.000	1.093.354	121.354.363	98.486.856	1.091.954	26.809.771
125.000	-	175.000	834.341	120.973.834	101.122.883	832.967	30.808.789
175.000	-	250.000	375.487	77.089.543	66.803.675	374.565	22.682.226
250.000	-	375.000	185.536	55.524.948	49.444.662	184.883	17.974.656
375.000	-	500.000	63.423	27.191.085	24.729.090	63.116	9.347.469
500.000	-	1.000.000	60.570	40.376.118	37.412.767	60.178	14.513.445
1.000.000	-	2.500.000	18.774	27.427.256	25.940.646	18.634	10.142.473
2.500.000	-	5.000.000	3896	13.343.473	12.703.728	3884	4.825.086
5.000.000	oder mehr	2073	26.390.969	25.075.595	2071	9.171.892
	zusammen	41.571.281	1.693.449.899	1.420.746.266	32.649.560	303.481.472
	insgesamt	41.786.016	1.689.899.436	1.419.412.153	32.652.542	303.727.384

Abb. 1.2 Unbeschränkt Einkommensteuerpflichtige 2017 in Deutschland. Zusammen veranlagte Steuerpflichtige werden als ein Steuerpflichtiger gezählt. (Quelle: Statistisches Bundesamt, Wiesbaden 2021)

Im nächsten Abschnitt wird die Berechnung der tariflichen Einkommensteuer näher erläutert.

1.2 Beschreibung des Einkommensteuertarifs

Im Folgenden ist der Steuertarif in Deutschland zur Berechnung der tariflichen Einkommensteuer laut Einkommensteuergesetz (EStG) angegeben:

§ 32a Einkommensteuertarif:

(1) Die tarifliche Einkommensteuer im Veranlagungszeitraum 2022 bemisst sich nach dem zu versteuernden Einkommen. Sie beträgt ... jeweils in Euro für zu versteuernde Einkommen

1. *bis 9984 Euro (Grundfreibetrag): 0;*
2. *von 9985 Euro bis 14.926 Euro: $(1008,70 \cdot y + 1400) \cdot y$;*
3. *von 14.927 Euro bis 58.596 Euro: $(206,43 \cdot z + 2397) \cdot z + 938,24$;*
4. *von 58.597 Euro bis 277.825 Euro: $0,42 \cdot x - 9267,53$;*
5. *von 278.826 Euro an: $0,45 \cdot x - 17602,28$.*

Die Größe „y" ist ein Zehntausendstel des den Grundfreibetrag übersteigenden Teils des auf einen vollen Euro-Betrag abgerundeten zu versteuernden Einkommens.
Die Größe „z" ist ein Zehntausendstel des 14.926 Euro übersteigenden Teils des auf einen vollen Euro-Betrag abgerundeten zu versteuernden Einkommens.
Die Größe „x" ist das auf einen vollen Euro-Betrag abgerundete zu versteuernde Einkommen. Der sich ergebende Steuerbetrag ist auf den nächsten vollen Euro-Betrag abzurunden.
(2) bis (4) sind weggefallen.
(5) Bei Ehegatten, die nach den §§ 26, 26b zusammen zur Einkommensteuer veranlagt werden, beträgt die tarifliche Einkommensteuer ... das Zweifache des Steuerbetrags, der sich für die Hälfte ihres gemeinsam zu versteuernden Einkommens nach Absatz 1 ergibt (Splitting-Verfahren).

Das Einkommensteuergesetz ist im Internet beispielsweise unter www.bundesregierung.de oder www.gesetze-im-internet.de zu finden. Der Grundfreibetrag und die einzelnen Formeln zur Steuerberechnung werden regelmäßig angepasst. Die grundsätzliche Struktur des deutschen Einkommensteuertarifs hat sich dabei in den letzten Jahren jedoch nicht geändert. Wie die „krummen" Zahlenwerte in den Formeln zustande kommen, wird in Kap. 3 ausführlich erläutert.

Aus dem Einkommensteuergesetz ergibt sich formelmäßig folgende Funktionsvorschrift für die Einkommensteuer in Abhängigkeit des zu versteuernden
Einkommens:

Berechnungsformel für die Einkommensteuer

$$\text{ESt}(x) = \begin{cases} 0 & \text{für} \lfloor x \rfloor \in [0; 9984] \\ \lfloor (1008{,}70 \cdot y + 1400) \cdot y \rfloor & \text{für} \lfloor x \rfloor \in (9984; 14.926] \\ \lfloor (206{,}43 \cdot z + 2397) \cdot z + 938{,}24 \rfloor & \text{für} \lfloor x \rfloor \in (14.926; 58.596] \\ \lfloor 0{,}42 \cdot \lfloor x \rfloor - 9267{,}53 \rfloor & \text{für} \lfloor x \rfloor \in (58.596; 277.825] \\ \lfloor 0{,}45 \cdot \lfloor x \rfloor - 17.602{,}28 \rfloor & \text{für} \lfloor x \rfloor \in (277.825; \infty) \end{cases}$$

$$(1.1)$$

$$\text{wobei } y = \frac{\lfloor x \rfloor - 9984}{10.000} , \; z = \frac{\lfloor x \rfloor - 14.926}{10.000} \text{ und}$$

$\lfloor x \rfloor$ das auf ganze Euro abgerundete zu versteuernde Einkommen ist.[3]

Die Einkommensteuerfunktion ist also eine abschnittsweise definierte Funktion. Für jeden der fünf Bereiche (auch Tarifzonen oder Tarifabschnitte genannt)
gilt eine andere Formel. Auf die Angabe Euro wurde der Übersichtlichkeit wegen
verzichtet. Auch im Folgenden wird bei den Formeln die Angabe Euro weggelassen.

Bei Intervallen, z. B. beim Intervall (9984; 14.926], sind alle Zahlen zwischen
den beiden Werten enthalten, wobei bei einer eckigen Klammer der Randwert dazugehört, bei einer runden Klammer dagegen nicht.

Die obige Funktionsdarstellung (1.1) ist nicht die einzige Darstellung für die
Einkommensteuerfunktion. Es können beispielsweise die Werte für die Bereiche
um Eins erhöht werden, wenn bei den Intervallen statt eckiger Klammern runde

---

[3] Das heißt, ein Wert in „halbeckigen" Klammern bedeutet die Abrundung auf den vollen
Euro-Betrag. $\lfloor x \rfloor$ wird als Abrundungsfunktion von x bezeichnet. Die „halbeckigen Klammern" werden auch (untere) Gauß-Klammern genannt.

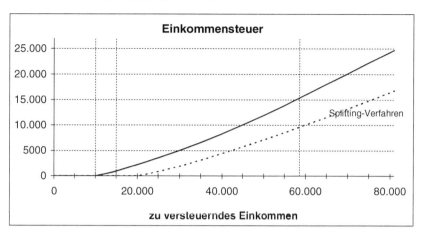

Abb. 1.3 Einkommensteuer in Abhängigkeit des zu versteuernden Einkommens; Grundtarif (durchgezogene Linie), Splitting-Verfahren (gestrichelte Linie). Erläuterungen zum Splitting-Verfahren stehen in Abschn. 1.4

und statt runde eckige Klammern gesetzt werden. Auch können dann bei den Bereichen die halb-eckigen Klammern bei x weggelassen werden. Das heißt

$$\text{ESt}(x) = \begin{cases} 0 & \text{für } x \in [0; 9985) \\ \lfloor (1008{,}70 \cdot y + 1400) \cdot y \rfloor & \text{für } x \in [9985; 14.927) \\ \lfloor (206{,}43 \cdot z + 2397) \cdot z + 938{,}24 \rfloor & \text{für } x \in [14.927; 58.597) \\ \lfloor 0{,}42 \cdot \lfloor x \rfloor - 9267{,}53 \rfloor & \text{für } x \in [58.597; 277.826) \\ \lfloor 0{,}45 \cdot \lfloor x \rfloor - 17.602{,}28 \rfloor & \text{für } x \in [277.826; \infty) \end{cases}$$

(1.1*)

Dann ergeben sich trotz anderer Darstellung die gleichen Steuerbeträge. Es wird jedoch die Darstellung (1.1) bevorzugt, da dann die Grenzsteuersätze klarer erkennbar werden, was aber erst in Abschn. 1.3.2 deutlich wird: Der Eingangssteuersatz ist bei der Darstellung (1.1) der Grenzsteuersatz an der Bereichsübergangsstelle 9984.

In der Abb. 1.3 ist die Einkommensteuer in Abhängigkeit des zu versteuernden Einkommens dargestellt.

Beispiel 1.1

Bei einem zu versteuernden Jahreseinkommen von 58.902,50 Euro[4] ergibt sich eine Einkommensteuer von 15.471 Euro bei Verwendung des Grundtarifs:

Das zu versteuernde Jahreseinkommen wird zunächst auf volle Euro abgerundet, also auf 58.902 Euro. Dieser Wert liegt im vierten Tarifbereich.

$$0,42 \cdot 58.902 - 9267,53 \text{ ergibt } 15.471,31.$$

Diese Zahl wird auf volle Euro abgerundet, um die Einkommensteuer zu ermitteln. Also

$$ESt\left(58.902,50\right) = 15.471.$$

Um die Steuer bei einem zu versteuernden Einkommen von 40.000 Euro zu errechnen, ist der Funktionsteil des dritten Tarifbereichs zu verwenden:

$$
\begin{aligned}
ESt\left(40.000\right) &= \left\lfloor \left(206,43 \cdot z + 2397\right) \cdot z + 938,24 \right\rfloor \\
&= \left\lfloor \left(206,43 \cdot \frac{40.000 - 14.926}{10.000} + 2397\right) \cdot \frac{40.000 - 14.926}{10.000} + 938,24 \right\rfloor \\
&= \left\lfloor 8246, 314514 \right\rfloor \\
&= \left\lfloor 8246 \right\rfloor
\end{aligned}
$$

Beschreibung des Einkommensteuertarifs im Einzelnen

- Bis zur Höhe des Grundfreibetrags (= 1. Tarifbereich) ist keine Einkommensteuer zu zahlen.
- Im zweiten Tarifbereich ist die Einkommensteuerfunktion in Abhängigkeit des zu versteuernden Einkommens eine quadratische Funktion, wenn von der Rundung in der Formel abgesehen wird. Im dritten Bereich ist die Steuerfunktion eine andere quadratische Funktion.

---

[4] Aktuell verwendet das Finanzamt zu den Berechnungen im Steuerbescheid nur ganzzahlige Einkommen. Auch das sich ergebende zu versteuernde Einkommen wird ganzzahlig ermittelt, so dass die Zahl schon gerundet ist. Die Tarifbeschreibung im Einkommensteuergesetz berücksichtigt jedoch auch nicht ganzzahlige Werte für das zu versteuernde Einkommen.

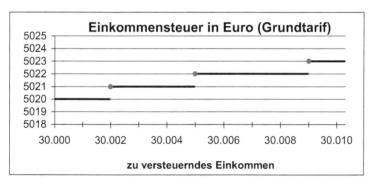

Abb. 1.4 Einkommensteuer bei zu versteuernden Einkommen von 30.000 Euro bis 30.010 Euro

- Im vierten und im fünften Bereich ist sie eine lineare Funktion mit der Steigung (= Grenzsteuersatz[5]) von 0,42 bzw. 0,45.
- Im fünften Tarifbereich werden 17.602,28 Euro (siehe Einkommensteuertarif) abgezogen, damit gewährleistet ist, dass die Einkommensteuerfunktion an der Bereichsübergangsstelle stetig ist (wenn von der Rundung auf volle Euro abgesehen wird):

    Bei einem zu versteuernden Einkommen von 277.825 Euro sind 107.418 Euro Einkommensteuer zu zahlen, da $0,42 \cdot 277.825 - 9267,53 = 107.418,97$.

    Dann – mit größerem Einkommen – erhöht sich die Steuer auf 45 Prozent (= 0,45) des Einkommens. Da $0,45 \cdot 277.825 = 125.021,25$ gilt, folgt $125.021,25 - 107.418,97 = 17.602,28$. Es wird deshalb im fünften Tarifbereich von $0,45 \cdot x$ der Betrag 17.602,28 Euro abgezogen. Dadurch ist beim Übergang (also an der Stelle 277.825 Euro) bei beiden Formeln der ungerundeten Einkommensteuer genau die gleiche Steuer zu zahlen. Genaueres zur Ermittlung der Zahlenwerte des Einkommensteuertarifs wird in Kap. 3 angegeben.

Beispiel 1.2

Die Abb. 1.4 zeigt die Höhe der Einkommensteuer im Bereich zwischen einem zu versteuernden Einkommen zwischen 30.000 Euro und 30.013 Euro. Durch die Rundung im Tarif kommen nur ganzzahlige Steuerbeträge vor. Beispielsweise beträgt für zu versteuernde Einkommen im Intervall [30.002, 30.005) die Einkommensteuer 5021 Euro.

---

[5] Zum Begriff Grenzsteuersatz, siehe Abschn. 1.3.2.

1.3   Eigenschaften des Einkommensteuertarifs

1.3.1   Stetigkeit

Obwohl die Abb. 1.3 den Eindruck erweckt, die Einkommensteuerfunktion sei stetig, ist die **Einkommensteuerfunktion nicht stetig** (auf den nichtnegativen reellen Zahlen). Dies liegt an der Rundung der Steuer. Die sich ergebende Steuer wird auf volle Euro gerundet. Durch diese Rundung steigt der Steuerbetrag – wenn er sich erhöht – immer um einen Euro, was auch an der Abb. 1.4 zu erkennen ist.

Bevor Monotonieeigenschaften der Einkommensteuerfunktionen geklärt werden, werden noch die Begriffe Durchschnittssteuersatz und Grenzsteuersatz erläutert.

Durchschnittssteuersatz
Der **Durchschnittssteuersatz (DSt)** ergibt sich aus der Einkommensteuer in Euro, geteilt durch das zu versteuernde Einkommen, also

$$DSt(x) = \frac{ESt(x)}{x}.$$

Damit folgt:

$$DSt(x) = \begin{cases} 0 & \text{für } \lfloor x \rfloor \in [0;\,9984] \\ \lfloor (1008{,}70 \cdot y + 1400) \cdot y \rfloor / x & \text{für } \lfloor x \rfloor \in (9984;\,14.926] \\ \lfloor (206{,}43 \cdot z + 2397) \cdot z + 938{,}24 \rfloor / x & \text{für } \lfloor x \rfloor \in (14.926;\,58.596] \\ \lfloor 0{,}42 \cdot \lfloor x \rfloor - 9267{,}53 \rfloor / x & \text{für } \lfloor x \rfloor \in (58.596;\,277.825] \\ \lfloor 0{,}45 \cdot \lfloor x \rfloor - 17.602{,}28 \rfloor / x & \text{für } \lfloor x \rfloor \in (277.825;\,\infty) \end{cases} \qquad (1.2)$$

$$\text{mit } y = \frac{\lfloor x \rfloor - 9984}{10.000}, \quad z = \frac{\lfloor x \rfloor - 14.926}{10.000}.$$

In der Abb. 1.5 ist der Durchschnittssteuersatz in Abhängigkeit des zu versteuernden Einkommens dargestellt.

Aus $\lim\limits_{x \to \infty} \dfrac{0{,}45 \cdot \lfloor x \rfloor}{x} = 0{,}45$ und $\lim\limits_{x \to \infty} \dfrac{17.602{,}28}{x} = 0$ ergibt sich

$$\lim_{x \to \infty} DSt(x) = \lim_{x \to \infty} \frac{\lfloor 0{,}45 \cdot \lfloor x \rfloor - 17.602{,}28 \rfloor}{x} = \lim_{x \to \infty} \frac{0{,}45 \cdot \lfloor x \rfloor - 17.602{,}28}{x} = 0{,}45.$$

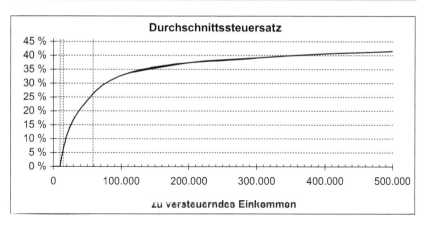

Abb. 1.5 Durchschnittssteuersatz in Abhängigkeit des zu versteuernden Einkommens

Somit nähert sich der Durchschnittssteuersatz dem Wert 0,45 oder 45 Prozent an. Es sieht anhand der Abb. 1.5 so aus, dass der Durchschnittssteuersatz eine monoton steigende Funktion ist. Dies ist aber nicht der Fall. Mithilfe der Abb. 1.4 ergibt sich

$$\mathrm{DSt}(30.002) = \frac{5021}{30.002} = 0,1673555 > \frac{5021}{30.004} = \mathrm{DSt}(30.004) = 0,1673444.$$

Jedoch kann nachgewiesen werden, dass die ungerundete Durchschnittssteuerfunktion

$$\mathrm{DStu}(x) = \begin{cases} 0 & \text{für } x \in [0; 9984] \\ (1008,70 \cdot y + 1400) \cdot y / x & \text{für } x \in (9984; 14.926] \\ ((206,43 \cdot z + 2397) \cdot z + 938,24) / x & \text{für } x \in (14.926; 58.596] \\ 0,42 - 9267,53 / x & \text{für } x \in (58.596; 277.825] \\ 0,45 - 17.602,28 / x & \text{für } x \in (277.825; \infty) \end{cases}$$

$$\text{mit } y = \frac{x - 9984}{10.000}, \ z = \frac{x - 14.926}{10.000}$$

monoton steigend ist. Der Beweis folgt analog dem Beweis der Monotonie der Einkommensteuerfunktion in Abschn. 1.3.4. Es muss gezeigt werden, dass in jedem der fünf einzelnen Bereiche und auch bei den Bereichsübergängen Monotonie vorliegt.

Bei manchen älteren deutschen Einkommensteuertarifen kann es vorkommen, dass an den Bereichsübergangsstellen die Monotonie nur „fast" erfüllt ist. Dies liegt daran, dass die Zahlenwerte in den Tarifformeln auf zwei Nachkommastellen gerundet werden, siehe dazu Kap. 3. Wenn nur ganzzahlige Werte für das zu versteuernde Einkommen eingesetzt werden, ist die Monotonieeigenschaft erfüllt.

1.3.2 Grenzsteuersatz

Der **Grenzsteuersatz (GSt)** oder **Marginalsteuersatz** gibt an, um wie viel Euro die Steuer (näherungsweise) steigt, wenn das Einkommen um einen Euro steigt. Der Grenzsteuersatz wird manchmal auch als **Spitzensteuersatz** bezeichnet. In diesem Buch wird jedoch als **Spitzensteuersatz** der höchste nach dem Steuertarif in Betracht kommende Grenzsteuersatz bezeichnet, d. h., beim angegebenen Einkommensteuertarif beträgt er 45 Prozent.

Liegt eine differenzierbare Steuerfunktion vor, ist der Grenzsteuersatz grundsätzlich die erste Ableitung der Steuerfunktion nach dem zu versteuernden Einkommen:

$$\mathrm{GSt}(x) = \frac{\mathrm{d}\,\mathrm{ESt}(x)}{\mathrm{d}x} \text{ bezeichnet mit } \mathrm{ESt}'(x), \qquad (1.3)$$

wobei ESt(x) die zu zahlende Einkommensteuer bei einem zu versteuernden Einkommen von x ist. Wegen der Rundung der Werte bei der Steuerberechnung der Einkommensteuerfunktion gilt jedoch für die Ableitung:

$$\mathrm{ESt}'(x) = \begin{cases} \text{existiert nicht} & \text{an den Sprungstellen von ESt} \\ 0 & \text{sonst} \end{cases}.$$

Daher wird zur Berechnung der Grenzsteuer die ungerundete Einkommensteuerfunktion, bezeichnet mit EStu, verwendet:

$$\mathrm{EStu}(x) = \begin{cases} 0 & \text{für } x \in [0;\,9984] \\ (1008{,}70 \cdot y + 1400) \cdot y & \text{für } x \in (9984;\,14.926] \\ (206{,}43 \cdot z + 2397) \cdot z + 938{,}24 & \text{für } x \in (14.926;\,58.596] \\ 0{,}42 \cdot x - 9267{,}53 & \text{für } x \in (58.596;\,277.825] \\ 0{,}45 \cdot x - 17.602{,}28 & \text{für } x \in (277.825;\,\infty) \end{cases} \qquad (1.4)$$

wobei $y = \dfrac{x - 9984}{10.000}$, $z = \dfrac{x - 14.926}{10.000}$ und x das zu versteuernde Einkommen ist.

Die ungerundete Einkommensteuerfunktion EStu ist, da sie sich aus Polynomfunktionen zusammensetzt, in jedem Tarifbereich stetig und differenzierbar. Jetzt kann in jedem Tarifbereich die Ableitung und die zweite Ableitung gebildet werden. Unter Verwendung der Kettenregel folgt für die erste Ableitung:

$$GSt\,(x) = \frac{d\,EStu(x)}{dx}$$

$$= EStu'\,(x) = \begin{cases} 0 & \text{für} & 0 \le \quad x \quad < 9984 \\[2mm] \dfrac{2 \cdot 1008,70y + 1400}{10.000} & \text{für} & 9984 < \quad x \quad < 14.926 \\[2mm] \dfrac{2 \cdot 206,43z + 2397}{10.000} & \text{für} & 14.926 < \quad x \quad < 58.596 \\[2mm] 0,42 & \text{für} & 58.596 < \quad x \quad < 277.825 \\[2mm] 0,45 & \text{für} & 277.825 < \quad x \end{cases} \quad (1.5)$$

Und für die zweite Ableitung:

$$EStu''(x) = \begin{cases} 0 & \text{für} & 0 \le \quad x \quad < 9984 \\[2mm] \dfrac{2 \cdot 1008,70}{10.000^2} & \text{für} & 9984 < \quad x \quad < 14.926 \\[2mm] \dfrac{2 \cdot 206,43}{10.000^2} & \text{für} & 14.926 < \quad x \quad < 58.596 \\[2mm] 0 & \text{für} & 58.596 < \quad x \quad < 277.825 \\[2mm] 0 & \text{für} & 277.825 < \quad x \end{cases} \quad (1.6)$$

An den vier Bereichsübergangsstellen, den sogenannten **Tarifeckwerten**,[6] nämlich beim Einkommen von 9984 Euro, 14.926 Euro, 58.596 Euro und 277.825 Euro existieren keine Ableitungen der ungerundeten Einkommensteuerfunktion. Als Grenzsteuersatz wird üblicherweise an den Tarifeckwerten dann der „rechtsseitige Grenzwert der Ableitung" verwendet, also

---

[6] Die Bereichsübergangsstellen heißen auch Tarifgrenzen, Tarifeckwerte oder kurz: Eckwerte des Steuertarifs. Diese Werte werden zur Erstellung der einzelnen Tarifformeln vorgegeben, vgl. Kap. 3.

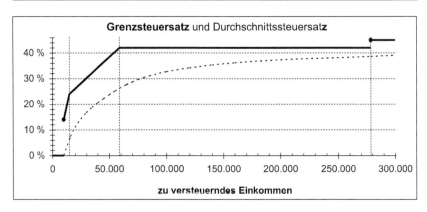

Abb. 1.6 Grenz- und Durchschnittssteuersatz (gestrichelte Linie), jeweils Grundtarif

$$GSt(x) = \begin{cases} \lim_{\substack{t \to x \\ t > x}} EStu'(t) & \text{für } x \in \{9984, 14.926, 58.596, 277.825\} \\ \\ EStu'(x) & \text{für } x \notin \{9984, 14.926, 58.596, 277.825\} \end{cases} \quad (1.7)$$

Damit ergibt sich beispielsweise an der Stelle 58.596 Euro, einem Tarifeckwert, ein Grenzsteuersatz von:

$$GSt(58.596) = \lim_{\substack{t \to 58.596 \\ t > 58.596}} EStu'(t) = \lim_{\substack{t \to 58.596 \\ t > 58.596}} 0,42 = 0,42.$$

Der Grenzsteuersatz bei einem Einkommen von 9984 Euro (Grundfreibetrag) wird im nächsten Abschnitt berechnet.

In der Abb. 1.6 sind der Grenzsteuersatz und der Durchschnittssteuersatz in Abhängigkeit des zu versteuernden Einkommens dargestellt.

Bis zum Grundfreibetrag sind der Grenzsteuersatz und der Durchschnittssteuersatz null. Der Kurve des Grenzsteuersatzes besteht aus Geradenstücken. Dies liegt daran, dass die Steuerfunktionen lineare oder quadratische Funktionen sind. Die Ableitung einer linearen Funktion ist eine Konstante und die Ableitung einer quadratischen Funktion ist eine lineare Funktion.

1.3.3 Eingangssteuersatz

Mit **Eingangssteuersatz** wird derjenige Grenzsteuersatz (vgl. Abschn. 1.3.2) bezeichnet, der sich bei Verwendung der Formel (1.7) beim Tarifeckwert Grundfreibetrag ergibt. Er beträgt 14 Prozent, da

$$GSt(9984) = \lim_{\substack{t \to \text{Grundfreibetrag} \\ t > \text{Grundfreibetrag}}} EStu'(t) = \lim_{\substack{t \to 9984 \\ t > 9984}} \frac{2 \cdot 1008{,}70 \cdot \dfrac{t - 9984}{10.000} + 1400}{10.000} = 0{,}14.$$

1.3.4 Monotonie

Monotonieeigenschaften der deutschen Einkommensteuerfunktion:

(i) Die deutsche Einkommensteuerfunktion ESt ist monoton steigend.
(ii) Die ungerundete deutsche Einkommensteuer EStu ist ab dem Grundfreibetrag von 9984 Euro auf dem auf ganze Zahlen reduzierten Definitionsbereich streng monoton steigend.

Beweis

Es gilt: Eine Funktion heißt monoton steigend,
wenn für alle a, b mit a < b folgt f(a) ≤ f(b).
Eine Funktion heißt streng monoton steigend, wenn für alle a < b folgt f(a) < f(b).

Beim Beweis dieses Satzes werden folgende zwei Aussagen verwendet:

A. Eine Funktion f ist auf den reellen Zahlen **R** genau dann monoton steigend, wenn f'(x) ≥ 0 für alle x ∈ **R** gilt.
B. Eine monoton steigende Funktion f auf **R**, für die bis auf endlich viele Ausnahmestellen f'(x) > 0 gilt, ist streng monoton steigend.

(i) Da die Ableitung der Einkommensteuerfunktion wegen der Rundung auf volle Euro nicht existiert, wird zunächst die ungerundete Einkommensteuerfunktion EStu betrachtet. Da die Ableitung der ungerundeten Einkommensteuerfunktion die Grenzsteuerfunktion ist, ergibt sich aus der oben angegebenen Grenzsteuerfunktion (1.5):

Die Ableitungen aller fünf Einzelfunktionen sind größer oder gleich null, also niemals negativ. weil alle Zahlenwerte sowie die Größe y im zweiten Bereich und die Größe z im dritten Bereich nicht negativ sind. Insgesamt folgt daraus, dass die ungerundete Einkommensteuerfunktion in allen fünf Bereichen jeweils monoton steigend ist. In den Bereichen zwei bis fünf ist die ungerundete Einkommensteuer sogar streng monoton steigend, da die einzelnen Ableitungen immer größer als null sind.

Um die Monotonie im gesamten Bereich nachzuweisen, sind noch die Übergänge zwischen den Bereichen zu überprüfen. Es ist zu zeigen, dass die Monotonie auch an den Bereichsübergangsstellen gilt. Weil es fünf Bereiche gibt, sind „fünf minus eins" Übergänge, also vier Bedingungen zu prüfen:

(1) $\mathrm{EStu}(9984) \leq \lim\limits_{\substack{x \to 9984 \\ x > 9984}} \mathrm{EStu}(x),$

(2) $\mathrm{EStu}(14.926) \leq \lim\limits_{\substack{x \to 14.926 \\ x > 14.926}} \mathrm{EStu}(x),$

(3) $\mathrm{EStu}(58.596) \leq \lim\limits_{\substack{x \to 58.596 \\ x > 58.596}} \mathrm{EStu}(x),$

(4) $\mathrm{EStu}(277.825) \leq \lim\limits_{\substack{x \to 277.825 \\ x > 277.825}} \mathrm{EStu}(x).$

Wegen

(5) $\mathrm{EStu}(9984) = 0$ und $\lim\limits_{\substack{x \to 9984 \\ x > 9984}} \mathrm{EStu}(x) = 0$

(6) $\mathrm{EStu}(14.926) = 938,2385$ und $\lim\limits_{\substack{x \to 14.926 \\ x > 14.926}} \mathrm{EStu}(x) = 938,24$

(7) $\mathrm{EStu}(58.596) = 15.342,7013$ und $\lim\limits_{\substack{x \to 58.596 \\ x > 58.596}} \mathrm{EStu}(x) = 15.342,79$

(8) $\mathrm{EStu}(277.825) = 107.418,97$ und $\lim\limits_{\substack{x \to 277.825 \\ x > 277.825}} \mathrm{EStu}(x) = 107.418,97$

sind (1) bis (4) erfüllt. Damit ist die ungerundete Einkommensteuerfunktion monoton steigend.

Da eine auf ganze Euro abgerundete monoton steigende Funktion auch monoton steigend ist, ergibt sich, dass die ungerundete Einkommensteuerfunktion, deren Ergebnis auf volle Euro abgerundet wird, auch monoton steigend ist. Wenn zusätzlich noch das zu versteuernde Einkommen gerundet wird, bleibt auch die Monotonie erhalten. Somit ist die Einkommensteuerfunktion monoton steigend.

Wichtige Zwischenbemerkung:
Bei älteren Einkommensteuertarifen passiert es manchmal, dass eine der obigen Bedingungen (5) bis (8) bei den Nachkommastellen nicht „ganz" erfüllt ist. Beispielsweise gelte:

$$(9) \quad EStu\left(58.596\right) = 15.342,7923 > \lim_{\substack{x \to 58.596 \\ x > 58.596}} EStu\left(x\right) = 15.342,79.$$

Die ungerundete Einkommensfunktion EStu wäre somit nicht monoton steigend auf $x \geq 0$. Was dann?

Die ungerundete Einkommensteuerfunktion ist aber nur ein Hilfsmittel, um zu zeigen, dass die Einkommensteuerfunktion ESt monoton steigend ist. Bei ESt brauchen jedoch nur ganze Zahlen für das Ergebnis betrachtet zu werden, denn bei der Berechnung der Einkommensteuer wird das zu versteuernde Einkommen und der Steuerbetrag auf volle Eurobeträge abgerundet. Es reicht dann also völlig aus, um Monotonie für die Einkommensteuerfunktion zu zeigen, dass die auf volle Euro abgerundeten Steuern monoton steigend sind, d. h., dass das Kleiner-gleich-Zeichen nur für die abgerundeten Werte gelten muss.

Um die Monotonie der Einkommensteuer nachzuweisen, muss bei den Übergangsstellen statt (5) bis (8) nur

(5*) ESt(9984) $\leq$ ESt(9985),	(6*) ESt(14.926) $\leq$ ESt)14.927),
(7*) ESt(58.596) $\leq$ ESt(58.597),	(8*) ESt(277.825) $\leq$ ESt(277.826).

nachgewiesen werden. Allerdings ist dann nicht gewährleistet, dass die **ungerundete** Einkommensteuer an den Bereichsübergangsstellen monoton ist.

(ii) Da die Ableitungen in den einzelnen Tarifbereichen – bis auf den ersten Tarifbereich – immer größer als null sind, ist die ungerundete Einkommensteuerfunktion ab dem Grundfreibetrag wegen Aussage B und den Angaben (5) bis (8) streng monoton steigend.

1.3.5 Umkehrfunktion

Zu jedem zu versteuernden Einkommen kann die tarifliche Einkommensteuer eindeutig berechnet werden. Ist die Einkommensteuer gegeben und man möchte das zu versteuernde Einkommen berechnen, gibt es mehrere zu versteuernde Einkommen, die zum gleichen Steuerbetrag führen. Dies erkennt man beispielsweise deutlich an der Abb. 1.4:

Bei einer Steuer von 5022 Euro kann das zu versteuernde Einkommen zwischen 30.005 Euro und 30.009 Euro liegen. Dies liegt an den Rundungsregeln für die Einkommensteuer. Das heißt, eine Umkehr**funktion** gibt es nicht. Aber es kann ein Bereich, genauer ein Intervall für das zu versteuernde Einkommen ermittelt werden, das zur gleichen Einkommensteuer führt.

Deshalb wird im Folgenden zu jeder ganzzahligen Einkommensteuer s zunächst das kleinste zu versteuerndes Einkommen berechnet, das zu dieser Einkommensteuer führt. Um dann den gesuchten Einkommensbereich zu finden, wird s um 1 erhöht und das kleinste zu versteuernde Einkommen ermittelt, das zu der Steuer s+1 führt. Zwischen diesen beiden Einkommenswerten liegt dann das zu versteuernde Einkommen, dass zu einer Steuer s führt. Genauer:

Berechnung des zu versteuernden Einkommens bei bekanntem Steuerbetrag s

Bei gegebener ganzzahliger Einkommensteuer s ($s \geq 0$) gilt für den Bereich (= Intervall) des zu versteuernden Einkommens zvE. der zu dieser Steuer führt:

$$(i) \quad \text{ESt}\big(\text{zvE}\big) = 0 \text{ für } \text{zvE} \in \big[0, 9992\big) \qquad (1.8)$$

und allgemein:

$$(ii) \quad \text{ESt}\big(\text{zvE}\big) = s \text{ für } \text{zvE} \in \big[a,b\big), \qquad (1.9)$$

wobei:

a die kleinste ganze Zahl ist, die größer oder gleich f(s) ist,
b die kleinste ganze Zahl ist, die größer oder gleich f(s+1) ist,

und f die Funktion mit

$$f(s)$$

$$= \begin{cases} 0 & \text{für } s = 0 \\[2mm] \dfrac{-14.000 + \sqrt{14.000^2 + 4 \cdot 100.870 \cdot s}}{2 \cdot 1,0087} + 9984 & \text{für } 1 \le s \le 938 \\[4mm] \dfrac{-23.970 + \sqrt{23.970^2 - 4 \cdot 20.643 \cdot (938,24 - s)}}{2 \cdot 0,20643} \\[1mm] \quad + 14.926 & \text{für } 939 \le s \le 15.342 \\[4mm] \dfrac{s + 9267,53}{0,42} & \text{für } 15.343 < s \le 107.418 \\[4mm] \dfrac{s + 17.602,28}{0,45} & \text{für } 107.419 \le s \end{cases}$$

Die dazugehörigen Excel-Formeln sind in Abschn. 1.5 angegeben.

Beweis

(i) Da $ESt(0) = 0$, $ESt(1) = 0$, ..., $ESt(9990) = ESt(9991) = 0$, aber $ESt(9992) = 1$ ist, folgt die Aussage (i).

Außerdem ergibt sich für $s = 0$ nach der obigen Berechnung $f(0) = 0 = a$ und $f(0+1) = f(1) = 9991,139185$. Damit folgt $b = 9992$. Und somit gilt auch die Aussage (ii) für $s = 0$.

(ii) Um bei gegebener ganzzahliger Einkommensteuer s ein dazugehöriges zu versteuerende Einkommen zu berechnen, ist zunächst der Tarifbereich zu ermitteln, bei dem diese Einkommensteuer auftritt. Nach dem Einkommensteuertarif (1.1) gilt:

$$ESt(9984) = 0, ESt(14.926) = 938, \ ESt(58.596) = 15.342; \ ESt(277.825) = 107.418.$$

Gesucht sind die Lösungen zvE, für die gilt: $ESt(zvE) = s$. Da Gleichungen mit gerundeten Zahlen nur schwer lösbar sind, wird zunächst die ungerundete Einkommensteuer EStu verwendet. Also wird das x gesucht, bei dem $EStu(x) = s$ ist. Dieses x ist von s abhängig und wird deshalb mit f(s) bezeichnet.

Für den zweiten Tarifbereich ist zur Berechnung des x bzw. des f(s) die Steuerformel (1.4) erst nach y und dann nach x aufzulösen:

$$(1008,7 \cdot y + 1400) \cdot y = s.$$

Dies ist eine quadratische Gleichung für y, deren Lösung mit der a-b-c-Formel (Mitternachtsformel) oder der p-q-Formel gelöst werden kann. Es ergibt sich:

$$y = \frac{-1400 \pm \sqrt{1400^2 - 4 \cdot 1008,7 \cdot (-s)}}{2 \cdot 1008,7},$$

wobei beim Plus-Minuszeichen nur das Pluszeichen zu einer sinnvollen Lösung führt, da y nicht negativ ist. Somit folgt mit $y = \dfrac{x - 9984}{10.000}$

$$x = 10.000 \cdot y + 9984 = 10.000 \cdot \frac{-1400 + \sqrt{1400^2 + 4 \cdot 1008,7 \cdot s}}{2 \cdot 1008,7} + 9984$$

$$= \frac{-14.000 + \sqrt{14.000^2 + 4 \cdot 100.870 \cdot s}}{2 \cdot 1,0087} + 9984.$$

Um die Formel für den dritten Tarifbereich herzuleiten, ist die Gleichung

$$(206,43 \cdot z + 2397) \cdot z + 938,24 = s$$

nach z aufzulösen. Mit der abc-Formel ergibt sich

$$z_{1,2} = \frac{-2397 \pm \sqrt{2397^2 - 4 \cdot 206,43 \cdot (938,24 - s)}}{2 \cdot 206,43},$$ wobei beim Plus-Minus-

Zeichen nur das Plus-Zeichen zu einer sinnvollen Lösung führt, da z nicht negativ ist.

Wegen $x = 10.000 \cdot z + 14.926$ gilt dann

$$x = \frac{-23.970 + \sqrt{23.970^2 - 4 \cdot 20.643 \cdot (938,24 - s)}}{2 \cdot 0,20643} + 14.926.$$

Für den vierten bzw. den fünften Tarifbereich ist jeweils die lineare Gleichung

$$0,42 \cdot x - 9267,53 = s \text{ für } x \in (58.596; 277.825]$$

bzw.

$$0,45 \cdot x - 17.602,28 = s \text{ für } x \in (277.825; \infty)$$

nach x aufzulösen. Es ergibt sich dann direkt die jeweilige Formel für x bzw. f(s) beim vorletzten und beim letzten Tarifbereich der in der Behauptung angegebenen Fallunterscheidung.

Das x bzw. f(s) ist das (kleinste) zu versteuernden Einkommen, bei dem die ungerundete Einkommensteuer gleich s ist. Da alle Rundungen im Einkommensteuergesetz Abrundungen sind, ergibt das Einkommen a, definiert als kleinste Zahl, die größer oder gleich f(s) ist, das kleinste Einkommen, das zu einer Einkommensteuer von s führt. Dies liegt daran, dass die Einkommensteuer für Einkommen kleiner als f(s) höchstens s − 1 ist.

Analog gilt, dass f(s+1) das zu versteuernde Einkommen ist, bei dem die ungerundete Einkommensteuer s+1 beträgt. Die kleinste ganze Zahl, die größer oder gleich f(s+1) ist, ist dann b. Für b gilt dann ESt(b) = s+1.

Das gesuchte Einkommen muss also zwischen a und b liegen, wobei a dazugehört und b nicht.

Beispiel 1.3

a) Bei welchen zu versteuernde Einkommen sind genau 100 Euro zu zahlen?
    Für s = 100 folgt $1 \leq s \leq 938$ Somit liegt s im zweiten Bereich zur Berechnung von zvE. Also

$$f(100) = \frac{-14.000 + \sqrt{14.000^2 + 4 \cdot 100.870 \cdot 100}}{2 \cdot 1,0087} + 9984 = 10.664,8832.$$

a ist somit 10.665.

$$f(101) = \frac{-14.000 + \sqrt{14.000^2 + 4 \cdot 100.870 \cdot 101}}{2 \cdot 1,0087} + 9984 = 10.671,38507.$$

b ist somit 10.672.
Es gilt also ESt(x) = 100 für x ∈ [10.665, 10672),
d. h., zwischen 10.665 Euro und 10.672 Euro beträgt die Einkommensteuer
100 Euro, wobei 10.672 Euro nicht mehr dazugehört.

b) Um bei einer Steuer von 30.000 Euro das zu versteuernde Einkommen zu ermitteln, ist der vierte Tarifbereich anzuwenden. Also

$$f(30.000) = \frac{30.000 + 9267,53}{0,42} = 93.494,11905. \text{ Somit ist } a = 93.495.$$

$$f(30.001) = \frac{30.001 + 9267,53}{0,42} = 93.496,5. \text{ Somit ist } b = 93.497.$$

Also ESt(x) = 30.000 für x ∈ [93.495, 93.497).

1.3.6 Progression

Mit Progression ist gemeint, dass die zu zahlende Steuer mit höherem Einkommen immer stärker anwächst. Progressiv wird in der Literatur nicht einheitlich definiert, vgl. dazu Pfeifer (2013). Eine Möglichkeit: Ist der Durchschnittssteuersatz umso höher, je höher das zu versteuernde Einkommen ist, wird der Steuertarif als ein progressiver Tarif bezeichnet:

Definition 1 (progressiv)
Eine Funktion S mit nicht negativen Funktionswerten heißt **progressiv** (bzw. **schwach progressiv**), wenn für alle $0 < x_1 < x_2$ gilt:

$$\frac{S(x_1)}{x_1} < \frac{S(x_2)}{x_2} \left(\text{bzw.} \frac{S(x_1)}{x_1} \leq \frac{S(x_2)}{x_2} \right).$$

Eigenschaft einer differenzierbaren schwach progressiven Steuerfunktion nach Definition 1
Bei einer differenzierbaren schwach progressiven Steuerfunktion S nach Definition 1 ist der Grenzsteuersatz nicht kleiner als der Durchschnittssteuersatz.

Beweis

$$S \text{ schwach progressiv} \Rightarrow \frac{d\frac{S(x)}{x}}{dx} \geq 0 \Leftrightarrow \frac{S'(x) \cdot x - S(x)}{x^2} \geq 0 \Leftrightarrow S'(x) \geq \frac{S(x)}{x},$$

d. h. der Grenzsteuersatz ist nicht kleiner als der Durchschnittssteuersatz.

Beispiel 1.4
Die Steuer werde folgendermaßen ermittelt: Bis 100 Euro Einkommen ist keine Steuer zu zahlen. Ab 100 Euro ist der 100 Euro übersteigende Betrag mit 30 Prozent zu versteuern. Dies ergibt folgende Formel für den Steuertarif

$$S(x) = \max\{0; 0,30 \cdot (x - 100)\} \quad (= \text{linearer Tarif mit } \mathbf{Freibetrag}).$$

$$\text{Wegen } DSt(x) = \frac{S(x)}{x} = 0,30 \cdot (1 - 100/x) = 0,30 - 30/x \text{ für } x > 100$$

ist der Durchschnittssteuersatz monoton steigend, denn je größer x wird, desto kleiner wird 30/x und desto größer DSt(x). Der Tarif ist somit nach Definition 1 ab 100 Euro progressiv.

Der Grenzsteuersatz ist auch größer als der Durchschnittssteuersatz:

$$GSt(x) = S'(x) = 0,30 > 0,30 - 30/x = \frac{S(x)}{x} = DSt(x) \text{ für } x > 100.$$

Den Steuertarif im obigen Beispiel 1.4 nennt man jedoch in der Praxis nicht progressiv, sondern linear. Progression bedeutet, dass die Steuer mit wachsendem Einkommen immer stärker anwächst. Ein Anstieg des Durchschnittssteuersatzes reicht dazu nicht aus. Die obige Definition 1 der Progressivität ist deshalb nicht passend.

Es ist eine andere Definition von Progressivität sinnvoll:

Definition 2 (progressiv)
Eine zweimal differenzierbare reellwertige Funktion S heißt **progressiv steigend** auf einem Intervall (a, b), wenn

$$S'(x) > 0 \text{ und } S''(x) > 0 \text{ für alle } x \in (a, b).$$

$S'(x) > 0$ heißt, dass die Steuer mit dem Einkommen ansteigt. Und $S''(x) > 0$ bedeutet, dass der Anstieg immer größer wird, wenn das zu versteuernde Einkommen steigt. Dies ist jedoch bei der Einkommensteuer beispielsweise im dritten Tarifbereich nicht der Fall, wie folgendes Zahlenbeispiel zeigt. Es gilt

$$\text{ESt}\big(30.001+1\big) - \text{ESt}\big(30.001\big) = 1 > \text{ESt}\big(30.006+1\big) - \text{ESt}\big(30.006\big) = 0,$$

d. h., der Anstieg um einen Euro im zu versteuernden Einkommen ist bei dem niedrigeren Einkommen von 30.001 Euro höher als bei dem Einkommen von 30.006 Euro. Das bedeutet, der deutsche Einkommensteuertarif ist (streng genommen) nicht progressiv. Aber dies kommt nur durch die Steuer-Rundung auf volle Euro zustande.

Es gilt sogar beispielsweise

$$\frac{\text{ESt}\big(30.002\big)}{30.002} = \frac{5021}{30.002} > \frac{5021}{30.004} = \frac{\text{ESt}\big(30.004\big)}{30.004}$$

Somit ist der Durchschnittssteuersatz $\text{DSt}(x) = \dfrac{\text{ESt}\big(x\big)}{x}$ nicht monoton steigend. Damit ist also der Steuertarif sogar nicht progressiv nach Definition 1.

Es wird deshalb bei der Untersuchung auf Progressivität der ungerundete Steuertarif verwendet. Dann gilt:

Progressivitätseigenschaft der deutschen Einkommensteuer nach Definition 2
In den Tarifbereichen 2 und 3 ist der ungerundete deutsche Einkommensteuertarif nach Definition 2 progressiv. In den anderen Bereichen ist die ungerundete Einkommensteuer linear.

Beweis
Die Ableitung der ungerundeten Einkommensteuer EStu ist der Grenzsteuersatz GSt(x). An Formel (1.6) ist zu erkennen, dass GSt(x) innerhalb aller Tarifbereiche größer null ist; außer im ersten Tarifbereich. Die zweite Ableitung der ungerundeten Einkommensteuerfunktion ist nach Formel (1.7) in den Tarifbereichen 2 und 3 größer null. Somit ist die ungerundete Einkommensteuer nach Definition 2 progressiv.

An den Formeln ist sofort zu erkennen, dass in den Tarifbereichen 1, 4 und 5 die ungerundete Steuerfunktion eine lineare Funktion ist.

Bemerkungen

- Der deutsche Steuertarif ist im ersten Tarifbereich natürlich nicht progressiv, gleichgültig, ob Definition 1 oder 2 benutzt wird, da bis zum Grundfreibetrag überhaupt keine Steuern zu zahlen sind.
- Streng genommen gilt in Deutschland ein linear-progressiver Einkommensteuertarif. Und das ist auch nur beim ungerundeten Tarif richtig. Trotzdem wird allgemein vom progressiven deutschen Einkommensteuertarif gesprochen, obwohl das nicht ganz korrekt ist.
- Es gibt noch eine weitere Definition von progressiv. Diese Definition ist ähnlich zur Definition 2, benötigt jedoch keine Ableitungen. Auf diese Definition wird hier nicht eingegangen, da sie bei der deutschen Einkommensteuer nicht benötigt wird, weil Ableitungen der ungerundeten Steuerfunktion existieren.

Beispiel 1.5
Bei einem zu versteuernden Einkommen von 20.000 Euro ist eine Einkommensteuer von 2207 Euro zu zahlen. Bei einer Einkommenserhöhung um 5 Prozent auf 21.000 Euro sind 2470 Euro Einkommensteuer fällig, also sind 11,9 Prozent mehr Steuern zu zahlen, obwohl das Einkommen nur um 5 Prozent angestiegen ist. Wegen der Progression des Steuertarifs erhöht sich die Steuer prozentual viel mehr als das Einkommen. Das Einkommen minus Steuern steigt von 17.793 Euro auf 18.530 Euro, also nur um 4,14 Prozent.

Bei einem progressiven Steuertarif werden höhere Einkommen nicht nur absolut höher, sondern auch prozentual höher besteuert. Eine Folge davon ist die sogenannte kalte Progression, die in Kap. 4 ausführlich behandelt wird.

1.4 Splitting-Verfahren

Für Ehepaare, die bei der Einkommensteuer zusammen veranlagt werden, wird das Einkommen beider Ehegatten addiert. Anschließend wird für die Hälfte des gemeinsamen zu versteuernden Einkommens die Einkommensteuer berechnet und dieser Steuerbetrag dann verdoppelt. Dies besagt Absatz 5 des Paragrafen 32a des Einkommensteuergesetzes.

Nach diesem sogenannten Splitting-Verfahren ergibt sich für die Einkommensteuer folgendermaßen:

$$\mathrm{ESt\_Splitting}\big(x_1,\ x_2\big) = 2\ \cdot\ \mathrm{ESt}\!\left(\frac{\lfloor x_1 \rfloor + \lfloor x_2 \rfloor}{2}\right),$$

wobei mit x_1 und x_2 die jeweiligen Einkommen der beiden Ehegatten sind. Besser ist es jedoch die Berechnung in folgender Form anzugeben:

Splitting-Verfahren

$$\mathrm{ESt\_Splitting}\big(x\big) = 2 \cdot \mathrm{ESt}\!\left(\frac{x}{2}\right),$$

wobei x das gesamte zu versteuernde Einkommen beider Ehegatten ist.

Dies liegt daran, dass das zu versteuernde Einkommen nicht für beide Partner getrennt ermittelt wird, sondern dass ein gesamtes zu versteuerndes Einkommen für beide Ehegatten berechnet wird. Gewisse Freibeträge, wie beispielsweise die Kinderfreibeträge, werden auch nicht den einzelnen Ehegatten zugewiesen, sondern insgesamt vom Gesamtbetrag der Einkünfte abgezogen.

In der Abb. 1.7 ist die Einkommensteuer in Abhängigkeit des gesamten zu versteuernden Einkommens beim Splitting-Verfahren und auch beim Grundtarif dargestellt.

Beispiel 1.1 (Fortsetzung)
Bei Ehegatten mit einem gesamten zu versteuernden Einkommen von 58.902,50 Euro ist das Doppelte der Steuer für das Einkommen von 29.451 Euro zu zahlen:

Für die auf volle Euro abgerundete Hälfte des Einkommens, also für 29.451 Euro ergibt sich nach dem dritten Tarifbereich

$$\left(206{,}43 \cdot \frac{29.451 - 14.926}{10.000} + 2.397\right) \cdot \frac{29.451 - 14.926}{10.000} + 938{,}24 = 4855{,}399483.$$

Abgerundet auf volle Euro und anschließend mit zwei multipliziert ergibt eine Einkommensteuer von 2 mal 4855 Euro, gleich 9710 Euro.

Bei einem zu versteuernden Einkommen von 40.000 Euro ergibt sich beim Splitting-Verfahren das Doppelte der Steuer des Grundtarifs bei 20.000 Euro, also 2 mal 2207 Euro. Dies ergibt 4414 Euro tarifliche Einkommensteuer.

	Grundtarif			Splitting		
	ESt	Soli	Gesamt	ESt	Soli	Gesamt
10.000	2	0,00	2,00	0	0,00	0,00
20.000	2207	0,00	2207,00	4	0,00	4,00
30.000	5020	0,00	5020,00	1910	0,00	1910,00
40.000	8246	0,00	8246,00	4414	0,00	4414,00
50.000	11.884	0,00	11.884,00	7124	0,00	7124,00
60.000	15.932	0,00	15.932,00	10.040	0,00	10.040,00
70.000	20.132	377,94	20.509,94	13.162	0,00	13.162,00
80.000	24.332	877,74	25.209,74	16.492	0,00	16.492,00
90.000	28.532	1377,54	29.909,54	20.028	0,00	20.028,00
100.000	32.732	1800,26	34.532,26	23.768	0,00	23.768,00
110.000	36.932	2031,26	38.963,26	27.718	0,00	27.718,00
120.000	41.132	2262,26	43.394,26	31.864	0,00	31.864,00
130.000	45.332	2493,26	47.825,26	36.064	256,08	36.320,08
140.000	49.532	2724,26	52.256,26	40.264	755,88	41.019,88
150.000	53.732	2955,26	56.687,26	44.464	1255,68	45.719,68
200.000	74.732	4110,26	78.842,26	65.464	3600,52	69.064,52
300.000	117.397	6456,83	123.853,83	107.464	5910,52	113.374,52
600.000	252.397	13.881,83	266.278,83	234.794	12.913,67	247.707,67

Abb. 1.7 Vergleich zwischen Grund- und Splitting-Tarif. Zusätzlich ist noch der zu zahlende Solidaritätszuschlag (vgl. Kap. 7) angegeben

1.5 Steuerberechnung mit Microsoft Excel

1.5.1 Berechnung der Einkommensteuer

Wenn in Zelle A4 das auf volle Euro abgerundete Einkommen steht, ergibt sich die zu zahlende tarifliche Einkommensteuer im Grundtarif mit der folgenden Formel in einer anderen Zelle:

$$= \text{GANZZAHL}(\text{WENN}(A4 <= 9984;0;\text{WENN}(A4 <= 14926;(1008,7$$
$$^*\text{MAX}((A4 - 9984)/10000;0) + 1400)^*\text{MAX}((A4 - 9984)/10000;0);$$
$$\text{WENN}(A4 <= 58596; \ (206,43^*\text{MAX}((A4 - 14926)/10000;0) + 2397)$$
$$^*\text{MAX}((A4 - 14926)/10000;0) + 938,24;\text{WENN}$$
$$(A4 <= 277825;0,42 \, ^* A4 - 9267,53;0,45 \, ^* A4 - 17602,28)))))$$

Wenn in Zelle A4 das ungerundete zu versteuernde Einkommen steht, ist in der obigen Steuerformel noch A4 durch GANZZAHL(A4) zu ersetzen.

Steht in Zelle A4 das zu versteuernde Einkommen, dann ergibt sich bei folgender Formel die tarifliche Einkommensteuer nach dem Splitting-Verfahren:

$$= \text{GANZZAHL}(\text{WENN}(\text{GANZZAHL}(A4/2) <= 9984;0;$$
$$\text{WENN}(\text{GANZZAHL}(A4/2) <= 14926;$$
$$\left(1008,7^*\text{MAX}\left((\text{GANZZAHL}(A4/2) - 9984)/10000;0\right) + 1400\right)$$
$$^*\text{MAX}\left((\text{GANZZAHL}(A4/2) - 9984)/10000;0\right);$$
$$\text{WENN}(\text{GANZZAHL}(A4/2) <= 58596;$$
$$\left(206,43^*\text{MAX}\left((\text{GANZZAHL}(A4/2) - 14926)/10000;0\right) + 2397\right)$$
$$^*\text{MAX}((\text{GANZZAHL}(A4/2) - 14926)/10000;0) + 938,24;\text{WENN}$$
$$(\text{GANZZAHL}(A4/2) <= 277825;0,42^*\text{GANZZAHL}(A4/2)$$
$$-9267,53;0,45^*\text{GANZZAHL}(A4/2) - 17602,28)))))^*2$$

In den Abb. 1.8 und 1.9 sind die einzelnen Ergebnisse der Steuerberechnung für den Grundtarif bei einem zu versteuernden Einkommen von 40.000 Euro sowie die dazugehörigen Excel-Steuerformeln angegeben. Anschließend folgen die entsprechenden beiden Abbildungen für das Splitting-Verfahren. Außerdem sind jeweils noch die Formeln und Ergebnisse für den Solidaritätszuschlag, den Grenzsteuersatz und den Durchschnittssteuersatz aufgeführt.

Hinweis für Grafiken in Excel:

Da in Excel keine Funktionen direkt gezeichnet werden können, müssen erst die einzelnen Funktionswerte berechnet werden, bevor eine Grafik erstellt werden kann.

1.5.2   Berechnung des zu versteuernden Einkommens

Um aus der ganzzahligen Einkommensteuer s (s ≥ 0) den Bereich (= Intervall) für das zu versteuernde Einkommen zvE zu berechnen, bei dem genau die Einkommensteuer s vorliegt, müssen die Grenzen a und b ermittelt werden:

a

	Spalte A	Spalte B
1	**Einkommensteuerberechnung**	**Grundtarif**
2		
3	zu verst. Einkommen in Euro	40.000,00
4	Hilfsgröße x	40.000,00
5	y	3,0016
6	z	2,5074
7	**Grundtarif ESt in Euro**	8246,00
8	**Solidaritätszuschlag**	0,00
9	**ESt plus Soli**	8246,00
10	Netto in Euro	31.754,00
11		
12	DSt	20,62 %
13	DSt mit Soli	20,62 %
14	GSt	34,32 %
15	GSt mit Soli	34,32 %

b

	Spalte A	Spalte B
1	**Einkommensteuerberechnung**	**Grundtarif**
2		
3	zu verst. Einkommen in Euro	40000
4	Hilfsgröße x	=GANZZAHL(B3)
5	y	=MAX((B4-9984)/10000;0)
6	z	=MAX((B4-14926)/10000;0)
7	**Grundtarif ESt in Euro**	=GANZZAHL(WENN(B4<=9984;0; WENN(B4<=14926;(1008,7*B5+1400)*B5; WENN(B4<=58596;(206,43*B6+2397)*B6+938,24; WENN(B4<=277825;0,42*B4-9267,53;0,45*B4-17602,28)))))
8	**Solidaritätszuschlag**	=ABRUNDEN(WENN(B7<=16956,1;0; MIN(5,5 %*B7;0,119*(MAX(B7-16956;0))));2)
9	**ESt plus Soli**	=B7+B8
10	Netto in Euro	=B3-B7-B8
11		
12	DSt	=B7/B3
13	DSt mit Soli	=B9/B3
14	GSt	=WENN(B3<=9984;0; WENN(B3<14926;(2*1008,7*B5+1400)/10000; WENN(B3<=58596;((2*206,43*B6+2397)/10000); WENN(B3<=277825;0,42;0,45))))
15	GSt mit Soli	=B14*WENN(B7<16956;1;WENN(B7<31527,56;1,119;1055))

Abb. 1.8 a: Ergebnisberechnungen für 40.000 Euro beim Grundtarif. **b**: Excel-Formeln für den Grundtarif

a

	Spalte A	Spalte B
16		
17		
18	zu verst. Einkommen in Euro	40.000,00
19	Hilfsgröße x	20.000,00
20	y	1,0016
21	z	0,5074
22	**Splittingtarif Steuer in Euro**	4414,00
23	**Solidaritätszuschlag**	0,00
24	**ESt plus Soli**	4414,00
25	Netto in Euro	35.586,00
26		
27	DSt)	11,04 %
28	DSt mit Soli	11,04 %
29	GSt	26,06 %
23	GSt mit Soli	26,06 %

b

	Spalte A	Spalte B
16		
17		
18	zu verst. Einkommen in Euro	40000
19	Hilfsgröße x	=GANZZAHL(B18/2)
20	y	=MAX((B19-9984)/10000;0)
21	z	=MAX((B19-14926)/10000;0)
22	**Splittingtarif Steuer in Euro**	=2*GANZZAHL(WENN(B19<=9984;0; WENN(B19<=14926;(1008,7*B20+1400)*B20; WENN(B19<=58596;(206,43*B21+2397)*B21+938,24; WENN(B19<=277825;0,42*B19-9267,53;0,45*B19-17602,28)))))
23	**Solidaritätszuschlag**	=ABRUNDEN(WENN(B22<=2*16956,1;0; MIN(5,5 %*B22;0,119*(MAX(B22-2*16956;0))));2)
24	**ESt plus Soli**	=B22+B23
25	Netto in Euro	=B18-B22-B23
26		
27	DSt)	=B22/B18
28	DSt mit Soli	=B24/B18
29	GSt	=WENN(B19<=9984;0; WENN(B19<14926;(2*1008,7*B20+1400)/10000; WENN(B19<=58596;((2*206,43*B21+2397)/10000); WENN(B19<=277825;0,42;0,45))))
30	GSt mit Soli	=B29*WENN(B22<2*16956,001;1; WENN(B22<2*31527,56;1,119;1055))

Abb. 1.9 a: Ergebnisberechnungen für 40.000 Euro beim Splitting-Verfahren. **b**: Excel-Formeln für das Splitting-Verfahren

$$\text{ESt}(\text{zvE}) = s \text{ für zvE} \in [a, b).$$

Das Intervall [a, b) steht für alle reellen Zahlen zwischen a und b, wobei a dazugehört und b nicht.
Steht die Steuer s in Zelle G2, kann a nach Abschn. 1.3.5 in einem Tabellenkalkulationsprogramm mit der Formel

$= \text{AUFRUNDEN(WENN(G2} < 1;0;\text{WENN(G2} < 939;(-14000 + \text{WURZEL}$
$(14000\,\hat{}\,2 + 4^{*}100870^{*}\text{G2}))\,/\,2\,/\,1,0087 + 9984;\text{WENN(G2} < 15343;$
$(-23970 + \text{WURZEL}(23970^{*}23970 - 4^{*}20643^{*}(938,24 - \text{G2})))\,/\,2\,/\,0,20643$
$+14926;\text{WENN(G2} < 107419;(\text{G2} + 9267,53)\,/\,0,42;(\text{G2} + 17602,28)\,/\,0,45))));0)$

berechnet werden.
Steht die Steuer s in Zelle G2, so kann das Intervallende b mit der Formel

$= \text{AUFRUNDEN(WENN((G2} + 1) < 1;0;\text{WENN((G2} + 1) < 939;(-14000 +$
$\text{WURZEL}(14000\,\hat{}\,2 + 4^{*}100870^{*}(\text{G2} + 1)))\,/\,2\,/\,1,0087 + 9984;\text{WENN((G2} + 1)$
$< 15343;(-23970 + \text{WURZEL}(23970^{*}23970 - 4^{*}20643^{*}(938,24 -$
$(\text{G2}+1))))\,/\,2\,/\,0,20643 + 14926;\text{WENN((G2} + 1) < 107419;$
$((\text{G2} + 1) + 9267,53)\,/\,0,42;((\text{G2} + 1) + 17602,28)\,/\,0,45))));0)$

berechnet werden.

Literatur

Bundesministerium der Justiz und für Verbraucherschutz (Hrsg.) (2020): Zweites Gesetz zur steuerlichen Entlastung von Familien sowie die Anpassung weiterer steuerlicher Regelungen (Zweites Familienentlastungsgesetz – 2. FamEntlastG); Bundesgesetzblatt Jg. 2020 Teil I, Nr. 58, S. 2616 – S. 2618. www.bundesgesetzblatt.de

Bundesministerium der Finanzen (Hrsg.) (2021): Lohn- und Einkommensteuerrechner. Online im Internet: https://www.bmf-steuerrechner.de (Abrufdatum: 9.9.2021)

Bundesministerium der Justiz und für Verbraucherschutz (Hrsg.) (2021): Einkommensteuergesetz; https://www.gesetze-im-internet.de (Abrufdatum: 9.9.2021)

Gramm, Andreas u. a. (2011): Das große Tafelwerk interaktiv 2.0. Formelsammlung für die Sekundaeornelsen

Pfeifer, Andreas (2010): Die Minimumfunktion und die Abgeltungsteuer. In: WISU. Zeitschrift für Ausbildung, Examen, Berufseinstieg und Fortbildung 3/10; 395–401

Pfeifer, Andreas (2013): Progressiv und degressiv steigende Funktionen. In: WISU. Zeitschrift für Ausbildung, Examen, Berufseinstieg und Fortbildung 5/13, 42. Jahrg.; S. 700 – S. 706

Pfeifer, Andreas (2016): Finanzmathematik – Lehrbuch für Studium und Praxis; Haan: Europa Lehrmittel, 6. Auflage

Statistisches Bundesamt (Destatis) (2021): Finanzen und Steuern – Lohn und Einkommensteuer. Fachserie 14, Reihe 7.1; Wiesbaden: Statistisches Bundesamt

Wissenschaftliche Dienste des Deutschen Bundestags (2019): Kalte Progression, WD 4 – 3000 – 083/19; Berlin: Deutscher Bundestag

Abgeltungsteuer

2

2.1 Grundlagen

In Deutschland unterliegen Einkünfte aus Kapitalvermögen – wie beispielsweise Zinsen, Dividenden, realisierte Kursgewinne aus Aktien oder verzinslichen Wertpapieren, Erträge aus Investmentfonds und Zertifikaten – der Abgeltungsteuer. Dafür gibt es einen gesonderten Steuertarif. Er beträgt 25 Prozent. Die der Abgeltungsteuer unterliegenden Einkünfte aus Kapitalvermögen zählen nicht zu den nach dem Einkommensteuertarif (vgl. Abschn. 1.2) zu versteuernden anderen Einkünften. Besondere Regelungen gelten bei Immobilien und Immobilienfonds.

Die Abgeltungsteuer ist also grundsätzlich eine Einkommensteuer auf Kapitalerträge. Diese Steuer auf Kapitalerträge heißt deshalb Abgeltungsteuer, weil sie bei Kapitalerträgen automatisch von den Banken und Sparkassen an das Finanzamt direkt gezahlt wird, und dann dafür diesbezüglich keine Steuererklärung mehr abzugeben notwendig ist. Damit sind die Steuern abgegolten (= bezahlt). Genaueres steht in den Paragrafen 32d und 20 des Einkommensteuergesetzes, siehe Bundesministerium der Justiz und für Verbraucherschutz (2020) und (2021).

§ 32d Gesonderter Steuertarif für Einkünfte aus Kapitalvermögen

(1) Die Einkommensteuer für Einkünfte aus Kapitalvermögen … beträgt 25 Prozent. Die Steuer nach Satz 1 vermindert sich um die nach Maßgabe des Absatzes 5 anrechenbaren ausländischen Steuern. Im Falle der Kirchensteuerpflicht ermäßigt sich die Steuer nach den Sätzen 1 und 2 um 25 Prozent der auf die Kapitalerträge entfallenden Kirchensteuer. Die Einkommensteuer beträgt damit

$$\frac{e - 4q}{4 + k}.$$

Dabei sind „e" die nach den Vorschriften des § 20 ermittelten Einkünfte, „q" die nach Maßgabe des Absatzes 5 anrechenbare ausländische Steuer und „k" der für die Kirchensteuer erhebende Religionsgesellschaft (Religionsgemeinschaft) geltende Kirchensteuersatz.

(2) ...

(3) Steuerpflichtige Kapitalerträge, die nicht der Kapitalertragsteuer unterlegen haben, hat der Steuerpflichtige in seiner Einkommensteuererklärung anzugeben. Für diese Kapitalerträge erhöht sich die tarifliche Einkommensteuer um den nach Absatz 1 ermittelten Betrag. ...

(4) Der Steuerpflichtige kann mit der Einkommensteuererklärung für Kapitalerträge, die der Kapitalertragsteuer unterlegen haben, eine Steuerfestsetzung entsprechend Absatz 3 Satz 2 insbesondere in Fällen eines nicht vollständig ausgeschöpften Sparer-Pauschbetrags, ..., eines Verlustvortrags nach § 20 Absatz 6 und noch nicht berücksichtigter ausländischer Steuern, zur Überprüfung des Steuereinbehalts dem Grund oder der Höhe nach oder zur Anwendung von Absatz 1 Satz 3 beantragen.

(5) In den Fällen der Absätze 3 und 4 ist bei unbeschränkt Steuerpflichtigen, die mit ausländischen Kapitalerträgen in dem Staat, aus dem die Kapitalerträge stammen, zu einer der deutschen Einkommensteuer entsprechenden Steuer herangezogen werden, die auf ausländische Kapitalerträge festgesetzte und gezahlte und um einen entstandenen Ermäßigungsanspruch gekürzte ausländische Steuer, jedoch höchstens 25 Prozent ausländische Steuer auf den einzelnen steuerpflichtigen Kapitalertrag, auf die deutsche Steuer anzurechnen ...

In § 20 EStG, Absatz 9 heißt es:

(9) Bei der Ermittlung der Einkünfte aus Kapitalvermögen ist als Werbungskosten ein Betrag von 801 Euro abzuziehen (Sparer-Pauschbetrag); der Abzug der tatsächlichen Werbungskosten ist ausgeschlossen. Ehegatten, die zusammen veranlagt werden, wird ein gemeinsamer Sparer-Pauschbetrag von 1.602 Euro gewährt.

Beispiel 2.1

Bei einem Zinsertrag von 950 Euro, keiner ausländischen Quellensteuer und einem Kirchensteuersatz[1] von 9 Prozent gilt:

$$\text{Abgeltungsteuer} = \frac{950 - 4 \cdot 0}{4 + 0{,}09} = 232{,}27;$$

$$\text{Kirchensteuer} = 232{,}27 \cdot 0{,}09 = 20{,}90.$$

---

[1] Die Kirchensteuer muss nur von Kirchensteuerpflichtigen gezahlt werden. Sie beträgt aktuell in Bayern und Baden-Württemberg 8 Prozent, in allen anderen Bundesländern 9 Prozent der Einkommensteuer bzw. der Abgeltungsteuer.

Auf die Abgeltungsteuer muss zusätzlich noch der Solidaritätszuschlag in Höhe von 12,77 Euro (5,5 Prozent der Abgeltungsteuer) gezahlt werden.
Sind 950 Euro die einzigen Kapitalerträge, die der Abgeltungsteuer unterliegen, wird noch der Sparer-Pauschbetrag abgezogen, bevor die Steuer errechnet wird:

$$\text{Abgeltungsteuer} = \frac{\max\{950-801;\ 0\}}{4+0,09} = \frac{950-801}{4+0,09} = 36,43;$$

$$\text{Kirchensteuer} = 36,43 \cdot 0,09 = 3,27 \,(\text{abgerundet}).$$

Auf die Abgeltungsteuer muss noch zusätzlich der Solidaritätszuschlag gezahlt werden. Er beträgt 5,5 Prozent der Abgeltungsteuer, also 2,00 Euro.

Bemerkungen

- Wie kommt die Formel $\frac{e-4q}{4+k}$ bei der Berechnung der Abgeltungsteuer in § 32d EStG zustande? Die gezahlte Kirchensteuer unterliegt nicht der Abgeltungsteuer. Also ist von den Einkünften erst die Kirchensteuer (KiSt) abzuziehen. Daraus ist dann die Abgeltungsteuer zu berechnen. Außerdem wird auf ausländische Einkünfte, die schon der Steuer unterlagen, keine Abgeltungsteuer mehr fällig. Die anzurechnenden ausländischen Steuern werden deshalb mit 4 multipliziert $(4 = \frac{1}{0,25})$, um auf die anzurechnenden ausländischen Einkünfte zu kommen. Insgesamt gilt:
- Die um die anzurechnenden ausländischen Einkünfte und die Kirchensteuer reduzierten Einkünfte unterliegen der Abgeltungsteuer. Somit ergibt sich eine Abgeltungsteuer a in Euro bei einem Abgeltungsteuersatz von 25 Prozent:

$$a = \frac{1}{4} \cdot (e - 4q - KiSt), \tag{2.1}$$

wobei KiSt die zu zahlende Kirchensteuer ist. Für KiSt gilt:

$$KiSt = a \cdot k, \tag{2.2}$$

wobei k der Kirchensteuersatz ist. Setzen Sie (2.2) in (2.1) ein, erhalten Sie:

$$a = \frac{1}{4} \cdot (e - 4q - a \cdot k).$$

Aufgelöst nach a ergibt sich:

$$a = \frac{e - 4q}{4 + k}.$$

- Bei Kapitalertragen von e und keinen anrechenbaren ausländischen Steuern ergibt sich für die Abgeltungsteuer bei einem Kirchensteuersatz von k:

$$\text{Abgeltungsteuer} = \frac{e}{4+k} = \begin{cases} \dfrac{e}{4,08} & = 0,2450980 \cdot e \quad \text{bei} \quad k = 8\,\% \\[2mm] \dfrac{e}{4,09} & = 0,2444988 \cdot e \quad \text{bei} \quad k = 9\,\% \end{cases} \quad (2.3)$$

Bei Kirchensteuerpflicht beträgt die Abgeltungsteuer also nicht 25 Prozent, sondern (gerundet) 24,510 Prozent bzw. 24,445 Prozent der Kapitalerträge.

2.2 Gesamtsteuer

Wenn noch der Solidaritätszuschlag mitberücksichtigt wird, sind bei einem Kirchensteuersatz von 9 Prozent insgesamt knapp 28 Prozent, genauer 27,99511 Prozent an Steuern zu zahlen, denn es gilt grundsätzlich für die gesamte Steuer:

$$\begin{aligned} \text{Gesamt} &= \text{Abgeltungsteuer} + \text{Solidarit\"atszuschlag} + \text{Kirchensteuer} \\[2mm] &= \frac{e - 4q}{4 + 0,09} + \frac{e - 4q}{4 + 0,09} \cdot 0,055 + \frac{e - 4q}{4 + 0,09} \cdot 0,09 \\[2mm] &= \frac{e - 4q}{4 + 0,09}\left(1 + 0,055 + 0,09\right) = \left(e - 4q\right) \cdot \frac{1,145}{4,09} \\[2mm] &= \left(e - 4q\right) \cdot 0,2799511, \end{aligned} \quad (2.4)$$

wobei e − 4q die Kapitalerträge sind, die der Steuer unterliegen.

Bei 8 Prozent Kirchensteuer sind es statt 27,99511 Prozent nur 27,81863 Prozent.

Zu bemerken ist, dass in der Praxis die einzelnen Summanden in der obigen Formel (2.4) gerundet werden.

Literatur

Bundesministerium der Justiz und für Verbraucherschutz (Hrsg.) (2020): Zweites Gesetz zur steuerlichen Entlastung von Familien sowie die Anpassung weiterer steuerlicher Regelungen (Zweites Familienentlastungsgesetz – 2. FamEntlastG); Bundesgesetzblatt Jg. 2020 Teil I, Nr. 58, S. 2616 – S. 2618. www.bundesgesetzblatt.de

Bundesministerium der Justiz und für Verbraucherschutz (Hrsg.) (2021): Einkommensteuergesetz und Solidaritätszuschlaggesetz; https://www.gesetze-im-internet.de (Abrufdatum: 9.9.2021)

Petersen, Jens (2020): Kirchensteuer kompakt; Wiesbaden: Springer Gabler, 4, überarbeitete u. aktualisierte Aufl.

Weiterführende Literatur

Pfeifer, Andreas (2010): Die Minimumfunktion und die Abgeltungsteuer. In: WISU. Zeitschrift für Ausbildung, Examen, Berufseinstieg und Fortbildung 3/10; 395–401

Pfeifer, Andreas (2016): Finanzmathematik – Lehrbuch für Studium und Praxis; Haan: Europa Lehrmittel, 6. Auflage

Ermittlung der Zahlenwerte des Einkommensteuertarifs

3

3.1 Grundlagen

Die Formeln in § 32a EStG zur Berechnung der deutschen Einkommensteuer werden nach bestimmten Regeln ermittelt. Die Politik gibt in Deutschland gewisse Grenzsteuersätze und Tarifbereiche vor.

Beispielsweise war vor einigen Jahren der Eingangssteuersatz 15 Prozent. Für niedrige Einkommen sollten dann 2009 die Steuern gesenkt werden. Deshalb wurde der Eingangssteuersatz auf 14 Prozent reduziert, vgl. Abb. 3.1a und b. Seit mehreren Jahren sind die Grenzsteuersätze jedoch in Deutschland unverändert.

Seit 2007 gibt es fünf Tarifbereiche, vorher waren es nur vier Bereiche. Der erste Tarifbereich, für den keine Steuern zu zahlen sind, geht von 0 Euro bis zum Grundfreibetrag. Die Berechnung des Grundfreibetrages ist gesetzlich vorgeschrieben. Sie richtet sich nach dem Existenzminimumbericht der Bundesregierung. Für die anderen Tarifeckwerte (Tarifbereichsgrenzen) gibt es keine genau festgelegten gesetzlichen Vorschriften. Die Werte werden meist aus den alten Tarifeckwerten durch Erhöhung um die erwartete Inflationsrate festgelegt, um einen Inflationsausgleich zu erhalten. Genauer: Um die kalte Progression (siehe Kap. 4) auszugleichen.

Für 2022 gelten folgende Zahlenwerte:

Im ersten Tarifbereich bis zum Grundfreibetrag (9984 Euro) ist keine Steuer fällig, der Grenzsteuersatz beträgt 0 Prozent.

Der Grenzsteuersatz bei der nächsten Bereichsgrenze (14.926 Euro) beträgt 23,97 Prozent,

a

Tarif-bereich		2002–2003	2004	2005–2006	2007–2008	2009	2010–2012
1	Tarif-eckwert	0 €	0 €	0 €	0 €	0 €	0 €
	GSt	0 %	0 %	0 %	0 %	0 %	0 %
	Art	N	N	N	N	N	N
2	Tarif-eckwert	7235 €	7664 €	7664 €	7664 €	7834 €	8004 €
	GSt	19,9 %	16 %	15 %	15 %	14 %	14 %
	Art	Q	Q	Q	Q	Q	Q
3	Tarif-eckwert	9251 €	12.739 €	12.739 €	12.739 €	13.139 €	13.469 €
	GSt	23,00 %	24,05 %	23,97 %	23,97 %	23,97 %	23,97 %
	Art	Q	Q	Q	Q	Q	Q
4	Tarif-eckwert	55.007 €	52.151 €	52.151 €	52.151 €	52.551 €	52.881 €
	GSt	48,5 %	45 %	42 %	42 %	42 %	42 %
	Art	L	L	L	L	L	L
5	Tarif-eckwert				250.000 €	250.400 €	250.730 €
	GSt				45 %	45 %	45 %
	Art				L	L	L

Tarif-bereich		2013	2014	2015	2016	2017	2018
1	Tarif-eckwert	0 €	0 €	0 €	0 €	0 €	0 €
	GSt	0 %	0 %	0 %	0 %	0 %	0 %
	Art	N	N	N	N	N	N
2	Tarif-eckwert	8130 €	8354 €	8472 €	8652 €	8820 €	9000 €
	GSt	14 %	14 %	14 %	14 %	14 %	14 %
	Art	Q	Q	Q	Q	Q	Q
3	Tarif-eckwert	13.469 €	13.469 €	13.469 €	13.669 €	13.769 €	13.996 €
	GSt	23,97 %	23,97 %	23,97 %	23,97 %	23,97 %	23,97 %
	Art	Q	Q	Q	Q	Q	Q
4	Tarif-eckwert	52.881 €	52.881 €	52.881 €	53.665 €	54.057 €	54.949 €
	GSt	42 %	42 %	42 %	42 %	42 %	42 %
	Art	L	L	L	L	L	L
5	Tarif-eckwert	250.730 €	250.730 €	250.730 €	254.446 €	256.303 €	260.532 €
	GSt	45 %	45 %	45 %	45 %	45 %	45 %
	Art	L	L	L	L	L	L

Abb. 3.1   a: Kenngrößen beim Steuertarif (GSt = Grenzsteuersatz bei Beginn des Tarifbereichs, N = Nullfunktion, L = lineare Funktion, Q = quadratische Funktion). **b**: Kenngrößen beim Steuertarif (GSt = Grenzsteuersatz bei Beginn des Tarifbereichs, N = Nullfunktion, L = lineare Steuerfunktion, Q = quadratische Steuerfunktion) (Quelle: Bundesministerium der Finanzen (2021))

b

Tarif-bereich		2019	2020	2021	2022
1	Tarif-eckwert	0 €	0 €	0 €	0 €
	GSt	0 %	0 %	0 %	0 %
	Art	N	N	N	N
2	Tarif-eckwert	9168 €	9408 €	9744 €	9984 €
	GSt	14 %	14 %	14 %	14 %
	Art	Q	Q	Q	Q
3	Tarif-eckwert	14.254 €	14.532 €	14.753 €	14.926 €
	GSt	23,97 %	23,97 %	23,97 %	23,97 %
	Art	Q	Q	Q	Q
4	Tarif-eckwert	55.960 €	57.051 €	57.918 €	58.596 €
	GSt	42 %	42 %	42 %	42 %
	Art	L	L	L	L
5	Tarif-eckwert	265.326 €	270.500 €	274.612 €	277.825 €
	GSt	45 %	45 %	45 %	45 %
	Art	L	L	L	L

Abb. 3.1 (Fortsetzung)

der Grenzsteuersatz bei der folgenden Bereichsgrenze (58.596 Euro) beträgt 42 Prozent und der Grenzsteuersatz bei der letzten Bereichsgrenze (277.825 Euro) liegt bei 45 Prozent.

Die Grenzsteuersätze und die folgenden drei Voraussetzungen sind in den letzten Jahren unverändert geblieben:

1. Im ersten Tarifbereich ist die Steuer 0.
2. In den beiden folgenden Tarifbereichen wird eine quadratische Steuerfunktion festgelegt.
3. In den beiden letzten Tarifbereichen ist die Steuerfunktion linear.

3.2   Berechnung der Zahlenwerte

Sind Grenzsteuersätze und Tarifeckwerte festgelegt, werden anschließend unter diesen Voraussetzungen die Zahlenwerte für die entsprechenden Steuerformeln berechnet. Wie diese Steuerformeln sich ergeben, wird im Folgenden dargestellt.

Dazu wird zunächst eine allgemeine Berechnung angegeben, die nicht nur für den aktuellen Einkommensteuertarif angewandt werden kann:

Berechnung der Steuerfunktion bei einem quadratischen bzw. linearen Steuertarifs

Für die Steuerfunktion s(x) in Abhängigkeit des zu versteuernden Einkommens x gelte

$$s(x) = \begin{cases} s_1(x), & \text{falls} & 0 \leq x \leq E_1 \\ s_2(x), & \text{falls} & E_1 < x \leq E_2 \\ s_3(x), & \text{falls} & E_2 < x \leq E_3. \\ \dots \\ s_n(x), & \text{falls} & E_{n-1} < x \end{cases}$$

n ist die Anzahl der Tarifbereiche. Der Eckwert E_k ist die rechte Bereichsgrenze des k-ten Tarifbereichs, wobei E_1 der Grundfreibetrag ist, bis zu dem keine Steuern zu zahlen sind. Ferner sind die Grenzsteuersätze $GSt(E_k)$ für k = 1, 2, ... , n−1 vorgegeben.

Wenn die (ungerundete) Steuerfunktion stetig sein soll, gilt:

(i) Für den ersten Tarifbereich gilt: $s_1(x) = 0$ für $x \leq E_1$.

(ii) Für den k-ten Tarifbereich, k = 2, 3, ... , n ergibt sich unter der Voraussetzung einer quadratischen Funktion die Steuerfunktion

$$s_k(x) = \frac{10.000^2}{2} \cdot \frac{GSt(E_k) - GSt(E_{k-1})}{E_k - E_{k-1}} \cdot \left(\frac{x - E_{k-1}}{10.000}\right)^2$$
$$+ 10.000 \cdot GSt(E_{k-1}) \cdot \frac{x - E_{k-1}}{10.000} + s_{k-1}(E_{k-1}) \tag{3.1}$$

und unter der Voraussetzung einer linearen Steuerfunktion

$$s_k(x) = GSt(E_{k-1}) \cdot x + s_{k-1}(E_{k-1}) - GSt(E_{k-1}) \cdot E_{k-1}. \qquad (3.2)$$

Beweis

a) Für den k-ten Tarifbereich gilt unter der Voraussetzung einer quadratischen

Funktion $\quad s_k(x) = a_k \cdot \left(\dfrac{x - E_{k-1}}{10.000}\right)^2 + b_k \cdot \dfrac{x - E_{k-1}}{10.000} + c_k \quad$ unter den Nebenbe-

dingungen

   (i) $s_k(E_{k-1}) = s_{k-1}(E_{k-1})$, da die Steuerfunktion stetig sein soll.

   (ii) $s_k'(E_k) = GSt(E_{k-1})$, da der Grenzsteuersatz an den Bereichsgrenzen vorgegeben ist.

   (iii) $s_k'(E_k) = GSt(E_k)$.

   $c_k = s_{k-1}(E_{k-1})$ folgt sofort aus (i).

Wegen $\quad s_k'(x) = 2a_k \cdot \left(\dfrac{x - E_{k-1}}{10.000^2}\right) + \dfrac{b_k}{10.000} \quad$ ergibt sich aus (ii) $b_k = 10.000 \cdot$

GSt(E_{k-1}).

Mit (iii) kann nun a_k ausgerechnet werden. Es gilt

$$s_k'(E_k) = 2a_k \cdot \left(\frac{E_k - E_{k-1}}{10.000^2}\right) + \frac{b_k}{10.000} = 2a_k \cdot \left(\frac{E_k - E_{k-1}}{10.000^2}\right) + GSt(E_{k-1}) = GSt(E_k)$$

Also $\quad a_k = \dfrac{10.000^2}{2} \cdot \dfrac{GSt(E_k) - GSt(E_{k-1})}{E_k - E_{k-1}}$.

b) Für den k-ten Tarifbereich ergibt sich unter der Voraussetzung einer linearen
Funktion $s_k(x) = a_k \cdot x + c_k$ und den Nebenbedingungen

$$s_k(E_{k-1}) = s_{k-1}(E_{k-1}) \quad \text{und} \quad s_k'(E_{k-1}) = GSt(E_{k-1})$$

die Steuerfunktion

$$s_k(x) = GSt(E_{k-1}) \cdot x + s_{k-1}(E_{k-1}) - GSt(E_{k-1}) \cdot E_{k-1}.$$

Beispiel 3.1

Für den Einkommensteuertarif 2022 in Deutschland wurden die Bereichsgrenzen

$$E_1 = 9984, E_2 = 14.926, E_3 = 58.596 \text{ und } E_4 = 277.825$$

festgelegt, vgl. Bundesministerium der Justiz und für Verbraucherschutz (2020). Für die Grenzsteuersätze wird vorgegeben:

$$GSt(E_1) = 0,14, GSt(E_2) = 0,2397, GSt(E_3) = 0,42 \text{ und } GSt(E_4) = 0,45.$$

Die folgenden weiteren drei Voraussetzungen sind in den letzten Jahren unverändert geblieben:

V1 Im ersten Tarifbereich ist die Steuer 0.
V2 In den beiden folgenden Tarifbereichen wird eine quadratische Steuerfunktion festgelegt.
V3 In den beiden letzten Tarifbereichen ist die Steuerfunktion linear.

Dann kann mit dem obigen Berechnungsformeln (3.1) und (3.2) die Steuerfunktion (1.1) aus Abschn. 1.2 ermittelt werden:

Im **1 Tarifbereich**, also für zu versteuernde Einkommen bis zum Grundfreibetrag ist die Steuer nach Voraussetzung V1 0.

Berechnung der Formel für den 2. Tarifbereich

Aus der Formel (3.1) folgt für k = 2:

Wegen $s_1(E_1) = 0$ und da für den zweiten Tarifbereich eine quadratische Funktion vorliegen soll, ergibt sich

$$s_2(x) = \frac{10.000^2}{2} \cdot \frac{GSt(E_2) - GSt(E_1)}{E_2 - E_1} \cdot \left(\frac{x - E_1}{10.000}\right)^2$$

$$+ 10.000 \cdot GSt(E_1) \cdot \frac{x - E_1}{10.000} + s_1(E_1)$$

$$= \frac{10.000^2}{2} \cdot \frac{0,2397 - 0,14}{14.926 - 9984} \cdot \left(\frac{x - 9984}{10.000}\right)^2 + (10.000 \cdot 0,14) \cdot \frac{x - 9984}{10.000} + 0$$

$$= 1008,700931 \cdot \left(\frac{x - 9984}{10.000}\right)^2 + 1400 \cdot \frac{x - 9984}{10.000}.$$

Damit gilt $s_2(14.926) = s(14.926) = 938,2387$.

Nach der Rundung auf zwei Dezimalstellen ergibt sich für den zweiten Tarifbereich die Steuertarifformel des Einkommensteuergesetzes in Deutschland.

Berechnung der Formel für den 3. Tarifbereich

Analog dem 2. Tarifbereich kann die Formel für den dritten Tarifbereich ermittelt werden.

$$s_3(x) = \frac{10.000^2}{2} \cdot \frac{\text{GSt}(E_3) - \text{GSt}(E_2)}{E_3 - E_2} \cdot \left(\frac{x - E_2}{10.000}\right)^2$$

$$+ 10.000 \cdot \text{GSt}(E_2) \cdot \frac{x - E_2}{10.000} + s_2(E_2)$$

$$= \frac{10.000^2}{2} \cdot \frac{0,42 - 0,2397}{x - 14.926} \cdot \left(\frac{58.596 - 14.926}{10.000}\right)^2$$

$$+ 2397 \cdot \frac{x - 14.926}{10.000} + 938,24$$

$$= 206,4346233 \cdot \left(\frac{x - 14.926}{10.000}\right)^2 + 2397 \cdot \frac{x - 14.926}{10.000} + 938,24$$

Wird auf zwei Dezimalen gerundet, ergibt sich die Steuerformel aus dem Einkommensteuergesetz.

Für ein zu versteuerndes Einkommen von 58,596 Euro ist der Funktionswert der berechneten Steuerfunktion

$$s(58.596) = 206,4346233 \cdot \left(\frac{58.596 - 14.926}{10.000}\right)^2 + 2.397 \cdot \frac{58.596 - 14.926}{10.000}$$

$$+ 938,24 = 15.342,7895. \tag{3.3}$$

Die zu zahlende Steuer beträgt dann 15.342 Euro.

Berechnung der Formel für den 4. Tarifbereich

Es muss für diesen Tarifbereich gelten: $s_4(x) = ax + b$ mit $s_4'(x) = 0{,}42$ und wegen (3.3)

$$s_4(58.596) = 15.342,7895.$$

Daraus folgt sofort a = 0,42 und wegen 15.342,7895 = 0,42 · 58.596 + b ergibt sich

$$b = -9267,5305.$$

Damit gilt für den vierten Tarifbereich die Steuerformel

$$s_4(x) = 0,42 \cdot x - 9267,53.$$

Daraus folgt

$$s(277.825) = 107.418,97 \,(\text{gerundet}). \tag{3.4}$$

Berechnung der Formel für den 5. Tarifbereich
Damit der Übergang zum fünften Tarifbereich stetig verläuft, muss für diesen Tarifbereich, der eine lineare Funktion beinhalten soll, gelten:

$$s_5(x) = ax + b \text{ mit } s_5{}'(x) = 0,45 \text{ und } s_5(277.825) = 107.418,97 \text{ wegen } (3.4).$$

Daraus folgt a = 0,45 und 107.418,97 = 0,45 · 277.825 + b. Also b = −17.602,28.
Dann gilt für den fünften Tarifbereich $s_5(x) = 0,45 \cdot x - 17.602,28$.

Bemerkungen
- Nicht nur die deutsche Einkommensteuerfunktion ist eine abschnittsweise definierte Funktion, d. h., in jedem Abschnitt oder Bereich ist die Funktionsvorschrift anders. Dies gilt auch für die österreichische und die schweizerische Einkommensteuer, siehe Kap. 5.
- Die ungerundete deutsche Einkommensteuerfunktion ist wegen der Rundung der im Einkommensteuergesetz angegebenen gerundeten Zahlenwerte der Polynome an den Tarifbereichsübergangsstellen (mit Ausnahme der Bereichsübergangsstelle beim Grundfreibetrag) in der Regel nicht stetig.
- Bei der Berechnung der Formeln kann mit exakten Werten aus dem berechneten Tarifbereich weitergerechnet werden, um die neuen Zahlenwerte für den nächsten Tarifbereich zu ermitteln. Es kann aber auch mit auf zwei Dezimalen gerundeten Zahlenwerten – wie sie im Steuergesetz angegeben sind – weitergerechnet werden. Beides wurde in der Vergangenheit durchgeführt. Teilweise wurde bei älteren Tarifen auch einfach der Zahlenwert nach der dritten Nachkommastelle abgeschnitten, und nicht gerundet.

Beispiel 3.2
Entsprechend der Vorgehensweise in Beispiel 3.1 können auch für das Jahr 2021 aus den Zahlenwerten in der Abb. 3.1b die Steuerformeln ermittelt werden:

Bis 9744 Euro (Grundfreibetrag):	ESt(x) = 0;
von 9745 Euro bis 14.753 Euro:	ESt(x) = (995,21 · y + 1400) · y;
von 14.754 Euro bis 57.918 Euro:	ESt(x) = (208,85 · z + 2397) · z + 950,96;
von 57.919 Euro bis 274.612 Euro:	ESt(x) = 0,42 · x – 9136,63;
von 274.613 Euro an:	ESt(x) = 0,45 · x – 17.374,99.

y ist ein Zehntausendstel des den Grundfreibetrag übersteigenden Teils des auf einen vollen Euro-Betrag abgerundeten zu versteuernden Einkommens.

z ist ein Zehntausendstel des 14.753 Euro übersteigenden Teils des auf einen vollen Euro-Betrag abgerundeten zu versteuernden Einkommens, vgl. auch Bundesministerium der Justiz und für Verbraucherschutz (2020).

Literatur

Bundesministerium der Justiz und für Verbraucherschutz (Hrsg.) (2020): Zweites Gesetz zur steuerlichen Entlastung von Familien sowie die Anpassung weiterer steuerlicher Regelungen (Zweites Familienentlastungsgesetz – 2. FamEntlastG); Bundesgesetzblatt Jg. 2020 Teil I, Nr. 58, S. 2616 – S. 2618. www.bundesgesetzblatt.de

Bundesministerium der Finanzen (Hrsg.) (2021): Lohn- und Einkommensteuerrechner. Online im Internet: https://www.bmf-steuerrechner.de (Abrufdatum: 9.9.2021)

Bundesministerium der Justiz und für Verbraucherschutz (Hrsg.) (2021): Einkommensteuergesetz; https://www.gesetze-im-internet.de (Abrufdatum: 9.9.2021)

Spezielle Problematiken 4

4.1 Kalte Progression

4.1.1 Definition

Aufgrund des progressiven Steuertarifs steigt bei Erhöhung des Einkommens die Steuer überproportional, wie auch die Zahlenwerte in Beispiel 1.5 zeigen. Die deutsche Bundesregierung definiert die kalte Progression folgendermaßen:

Definition kalte Progression

Als kalte Progression werden Steuermehreinnahmen bezeichnet, die entstehen, soweit Einkommenserhöhungen die Inflation ausgleichen und es in Folge des progressiven Einkommensteuertarifs bei somit unverändertem Realeinkommen zu einem Anstieg der Durchschnittsbelastung kommt. Wissenschaftliche Dienste des Deutschen Bundestags (2019), S. 5.

Beispiel 4.1
Bei einer Inflation von drei Prozent und einer Gehaltssteigerung im gleichen Umfang von drei Prozent im nächsten Jahr bleibt die Kaufkraft des (Brutto-)Einkommens gleich, denn bei einer Inflation von drei Prozent haben 30.900 Euro dann den gleichen Wert (= Kaufkraft) wie 30.000 Euro vorher. Der Wert des Einkommens, gemessen anhand des Bruttoeinkommens bleibt also unverändert.

© Der/die Autor(en), exklusiv lizenziert durch Springer Fachmedien Wiesbaden GmbH, ein Teil von Springer Nature 2022
A. Pfeifer, *Konstruktion, Berechnung und Eigenschaften des deutschen Einkommensteuertarifs*, https://doi.org/10.1007/978-3-658-36083-2_4

Auf 30.000 Euro Einkommen sind im Grundtarif 5020 Euro Steuern zu zahlen. Das Einkommen minus Steuern (Nettoeinkommen)[1] ergibt 24.980 Euro. Bei 30.900 Euro Einkommen sind im nächsten Jahr 5293 Euro Steuern zu bezahlen. Das Nettoeinkommen, also 25.607 Euro, beträgt dagegen inflationsbereinigt nur

$$\text{Wert}_{\text{inflationsbereinigt}} = \frac{\text{Wert im neuen Jahr}}{1 + \text{Inflation}} = \frac{25.607\,\text{Euro}}{1 + 0,03} = 24.861,17\,\text{Euro}.$$

Das Einkommen minus Steuern ist also inflationsbereinigt von 24.980 Euro auf 24.861,17 Euro, also um 118,83 Euro oder um 0,476 Prozent gefallen.

Der Durchschnittssteuersatz ist von 16,73 Prozent auf 17,13 Prozent gestiegen, obwohl sich das zu versteuernde Einkommen inflationsbereinigt nicht verändert hat. Dieser Effekt wird auch als kalte Progression oder manchmal – negativ bewertend – als „heimliche Steuererhöhung" bezeichnet.

In der Abb. 1.5 ist die Durchschnittsbelastung (= Durchschnittssteuersatz) dargestellt. Die Durchschnittsbelastung steigt also mit steigendem Einkommen. Bis zum Grundfreibetrag gibt es keine kalte Progression; die Steuer und somit auch die Durchschnittsbelastung sind null. Dann ist die Steigung der Kurve des Durchschnittssteuersatzes sehr hoch. Das heißt, der Durchschnittssteuersatz ändert sich sehr stark. Mit höherem Einkommen steigt der Durchschnittssteuersatz jedoch immer weniger, dass heißt, die kalte Progression ist nicht mehr so stark.

4.1.2 Einkommensverlust durch die kalte Progression

Wie kann der reale Einkommensverlust des Nettoeinkommens durch die kalte Progression allgemein berechnet werden?

Es gilt für die Einbuße in Preisen vor Inflation, also für den **Nettoeinkommensverlust** NEV in Euro bei einer Inflationsrate i:

$$\text{NEV}(x) = \text{Nettoeinkommen bei zu versteuerndem Einkommen x}$$
$$-\text{Nettoeinkommen bei Einkommen x} \cdot (1 + i),\ \text{in Preisen vor Inflation}.$$

Damit folgt

---

[1] Bei der Ermittlung des Nettoeinkommens werden üblicherweise auch Sozialabgaben – wie Rentenversicherungs- und Krankenversicherungsbeiträge – vom Bruttoeinkommen abgezogen. Diese werden hier aber nicht einbezogen, um die Auswirkungen des Steuertarifs zu verdeutlichen.

Einkommmensverlust durch die kalte Progression

Der Nettoeinkommensverlust NEV in Preisen vor Inflation beträgt:

$$\text{NEV}(x) = (x - \text{ESt}(x)) - \frac{x \cdot (1+s) - \text{ESt}(x \cdot (1+s))}{1+i} \qquad (4.1)$$

wobei

x   das zu versteuernde Einkommen (zvE),
i   die Inflationsrate,
s   die Einkommenssteigerungsrate ist.

Ist die Einkommenssteigerungsrate gleich der Inflationsrate, also $s = i$, gilt für den Nettoeinkommensverlust NEV in Preisen vor Inflation (= absoluter Verlust in Preisen vor Inflation):

$$\text{NEV}(x) = \frac{\text{ESt}(x \cdot (1+i))}{1+i} - \text{ESt}(x). \qquad (4.2)$$

Der relative Nettoeinkommensverlust RNEV(x) beträgt allgemein:

$$\text{RNEV}(x) = \frac{\text{NEV}(x)}{x - \text{ESt}(x)} = 1 - \frac{x \cdot (1+s) - \text{ESt}(x \cdot (1+s))}{(1+i) \cdot (x - \text{ESt}(x))}. \qquad (4.3)$$

Wenn $s = i$ ist, gilt für den relativen Nettoeinkommensverlust:

$$\text{RNEV}(x) = 1 - \frac{x - \dfrac{\text{ESt}(x \cdot (1+i))}{1+i}}{x - \text{ESt}(x)}. \qquad (4.4)$$

Beispiel 4.1 (Fortsetzung)

In der Abb. 4.1 ist in Abhängigkeit des zu versteuernden Einkommens der Gehaltsverlust in Preisen vor Inflation bei einer Inflationsrate und einer Gehaltssteigerung von jeweils drei Prozent angegeben. Der Solidaritätszuschlag wird erst ab einem bestimmten zu versteuernden Einkommen erhoben. Deshalb sind in der Abb. 4.1 bis 60.000 Euro die berechneten Zahlenwerte mit und ohne Solidaritätszuschlag identisch.

zvE	NEV	RNEV	NEV mit Soli	RNEV mit Soli
0	0,00	0,00 %	0,00	0,00 %
10.000	41,69	0,42 %	41,69	0,42 %
15.000	78,01	0,56 %	78,01	0,56 %
20.000	88,15	0,50 %	88,15	0,50 %
30.000	118,83	0,48 %	118,83	0,48 %
40.000	162,74	0,51 %	162,74	0,51 %
50.000	218,91	0,57 %	218,91	0,57 %
60.000	269,94	0,61 %	269,94	0,61 %
70.000	269,94	0,55 %	360,84	0,73 %
80.000	269,94	0,49 %	360,83	0,66 %
90.000	269,94	0,45 %	360,84	0,60 %
100.000	269,94	0,41 %	284,79	0,44 %
200.000	269,94	0,22 %	284,79	0,24 %
300.000	512,71	0,29 %	540,91	0,31 %
1.000.000	512,71	0,09 %	540,91	0,10 %

Abb. 4.1 Absoluter und relativer Einkommensverlust mit und ohne Solidaritätszuschlag in Abhängigkeit des zu versteuernden Einkommens bei drei Prozent Inflation und drei Prozent Einkommenssteigerung. Prozentangabe: Verlust in Prozent des zu versteuernden Einkommens, preisbereinigt

Der absolute Betrag des Verlusts steigt mit dem zu versteuernden Einkommen. Der relative Verlust jedoch nicht. Dies liegt auch daran, dass in den verschiedenen Tarifbereichen verschiedene Formeln für die Einkommensteuer gelten. Wenn in einem Einkommensbereich ein linearer Tarif vorliegt, bleibt NEV konstant.

Auffällig ist in der Abb. 4.1, dass im Vergleich zu höheren Einkommen der relative Verlust bei kleinem Einkommen oberhalb des Grundbetrags meist größer ist. Der absolute Verlust NEV(x) bleibt bei zu versteuernden Einkommen über 277.825 Euro „in etwa" konstant bei 512,69 Euro, wenn kein Solidaritätszuschlag berücksichtigt wird. Durch die Rundung des zu versteuernden Einkommens und des Einkommensteuerbetrags schwankt der Wert minimal. Beispielsweise ist der Verlust bei einem zu versteuernden Einkommen von 1.000.001 Euro genau 512,68 Euro. Wenn auf die Rundung bei der Einkommensteuerberechnung verzichtet wird, ergibt sich, dass ab 277.825 Euro die Verlustfunktion konstant bleibt: Die Ableitung von **NEVu** – also gebildet mit der ungerundeten Einkommensteuerfunktion – ist

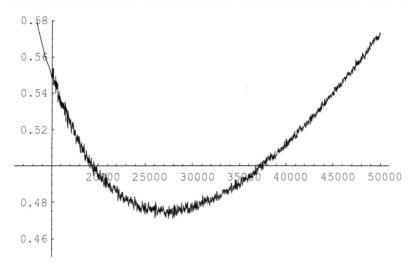

Abb. 4.2 Relativer Einkommensverlust RNEV durch die kalte Progression in Prozent in Abhängigkeit des zu versteuernden Einkommens

die Steigung des Kurvenverlaufs. Die Ableitung der Gleichung (4.2) nach dem zu versteuernden Einkommen x beträgt

$$
\begin{aligned}
\text{NEVu}'(x) &= \left(\frac{\text{EStu}\big(x \cdot (1+i)\big)}{1+i} - \text{EStu}(x) \right)' \\
&= \left(\frac{\text{EStu}\big(x \cdot (1+i)\big)}{1+i} \right)' - \text{EStu}'(x) \qquad (4.5) \\
&= \text{GSt}\big(x \cdot (1+i)\big) - \text{GSt}(x).
\end{aligned}
$$

Für x > 277.825 ändert sich der Grenzsteuersatz nicht, d. h. NEVu'(x) = 0. Somit bleiben die NEV-Werte – gebildet mit der ungerundeten Einkommensteuer – konstant. Der Wert beträgt, wenn von Rundungen bei der Steuerberechnung abgesehen wird:

$$
\begin{aligned}
\text{NEVu}(x) &= 0,45\,x - 17.602,28\,/\,(1+i) - (0,45\,x - 17.602,28) \\
&= 17.602,28 - 17.602,28\,/\,(1,03) \\
&= 512,69.
\end{aligned}
$$

Der relative Verlust geht mit steigendem Einkommen ($x \to \infty$) somit gegen null. Die Kurve in der Abb. 4.2 zeigt den relativen Einkommensverlust RNEV in Abhängigkeit des zu versteuernden Einkommens im Bereich zwischen 15.000 Euro und 50.000 Euro. Wegen der Rundung der Einkommensteuer ist es keine glatte Kurve.

Zum Ausgleich der kalten Progression beim deutschen Steuertarif werden regelmäßig die Tarifformeln angepasst. Gesetzlich vorgeschrieben ist nur, dass der Grundfreibetrag, also der Betrag, bis zu dem keine Steuer anfällt, angepasst werden muss, vgl. Kap. 3. Weitere Informationen zur kalten Progression sind in Wissenschaftliche Dienste des Bundestags (2019) enthalten.

Zum Abschluss dieses Kapitels folgt noch ein Beispiel, bei dem der Durchschnittssteuersatz nicht steigt.

Beispiel 4.2

Im Gegensatz zum deutschen Einkommensteuersatz zahlt man bei der Steuerregel

$$s(x) = 0,45 \cdot x$$

immer den gleichen Durchschnittssteuersatz von 45 Prozent, denn

$$\text{Durchschnittssteuersatz} = \frac{s(x)}{x} = 0,45.$$

Er erhöht sich nicht mit steigendem Einkommen.

Beispielsweise bei einem Einkommen von 20.000 Euro sind 9000 Euro Steuern und bei einer Gehaltssteigerung um fünf Prozent auf 21.000 Euro 9450 Euro Steuern zu zahlen. Die Durchschnittssteuerbelastung beträgt jeweils 45 Prozent. Das Einkommen minus Steuern bleibt inflationsbereinigt bei 11.000 Euro, da

$$20.000 - 9000 = 11.000 \text{ und}$$

$$\frac{21.000 - 9450}{1 + 0,05} = 11.000.$$

Aber schon bei dem fast gleichen Steuertarif, jedoch mit einem Freibetrag von 9000 Euro, also

$$s(x) = \text{Maximum}\{0,45 \cdot x - 9000; 0\}$$

steigt der Durchschnittssteuersatz für x > 9000, denn der Durchschnittssteuersatz in Abhängigkeit von x, nämlich

$$0,45 - \frac{9000}{x},$$

ist eine monoton steigende Funktion bzgl. des zu versteuernden Einkommens x.

4.2 Günstigerprüfung bei der Einkommensteuer

4.2.1 Definition und Beispiel

Einkommen aus Kapitalvermögen unterliegen der Abgeltungsteuer, vgl. Kap. 2. Sie werden grundsätzlich nicht nach der tariflichen Einkommensteuer versteuert, sondern einheitlich mit 25 Prozent. Dadurch soll eine Vereinfachung erreicht werden, da die Kapitalerträge schon an der Quelle, d. h. bei der Bank oder Sparkasse, automatisch versteuert werden und somit nicht mehr in der Einkommensteuererklärung angegeben werden müssen.

Die Anwendung der Abgeltungsteuer führt aber bei geringen Einkommen zu einer Höherbelastung im Vergleich zur tariflichen Einkommensteuer (vgl. Abschn. 1.2), da für geringe Einkommen die Steuerbelastung nach dem Einkommensteuertarif niedriger als 25 Prozent ist. Deshalb kann auf Antrag des bzw. der Steuerpflichtigen – statt Abgeltungsteuer zu zahlen – das Einkommen aus Kapitalvermögen dem übrigen Einkommen hinzugerechnet und darauf dann die tarifliche Einkommensteuer berechnet werden, wenn dies zu einer niedrigeren Steuerbelastung führt. Dies ist jedoch bei der Einkommensteuererklärung zusätzlich zu beantragen. Der Vergleich der beiden Steuerberechnungen wird als **Günstigerprüfung** bezeichnet.

Im Einkommensteuergesetz heißt es im Absatz 6 des Paragrafen 32d:

§ 32d Gesonderter Steuertarif für Einkünfte aus Kapitalvermögen

(6) Auf Antrag des Steuerpflichtigen werden anstelle der Anwendung der Absätze 1, 3 und 4 die nach § 20 ermittelten Kapitaleinkünfte den Einkünften im Sinne des § 2 hinzugerechnet und der tariflichen Einkommensteuer unterworfen, wenn dies zu einer niedrigeren Einkommensteuer einschließlich Zuschlagsteuern führt (Günstigerprüfung). ...

Beispiel 4.3

Eine Studentin arbeitet während ihres Studiums und hat daraus ein zu versteuerndes Einkommen von 11.000 Euro. Daneben hat sie noch Kapitaleinkünfte von 500 Euro nach Abzug des Sparer-Pauschbetrages von 801 Euro. Dann beträgt die Abgeltungsteuer 25 Prozent von 500 Euro, also 125 Euro. Zusätzlich sind noch 11.000 Euro nach dem Einkommensteuertarif zu versteuern. Dies ergibt eine Einkommensteuer von 152 Euro (vgl. Abschn. 1.2). Insgesamt wären also 277 Euro Steuern zu zahlen.

Wird die Günstigerprüfung beantragt, rechnet das Finanzamt aus, ob der Gesamtbetrag von beiden Einkommen, also von 11.500 Euro zu einer niedrigeren tariflichen Einkommensteuer führt. 11.500 Euro ergibt eine Einkommensteuer von 235 Euro und keine Abgeltungsteuer, d. h., für die Studierende ist der Einkommensteuertarif für die Summe aus beiden Einkommen günstiger, da 235 Euro niedriger als 277 Euro sind, also beträgt die Steuer StG nach der Günstigerprüfung:

$$StG = \text{Minimum}\left\{125 + 152;\ 235\right\} = 235.$$

Hätte sie statt 11.000 Euro dagegen 31.000 Euro zu versteuern, wäre die Steuer 5449 Euro, denn

$$StG = \text{Minimum}\left\{ESt(31.000) + 0{,}25 \cdot 500;\ ESt(31.500)\right\}$$
$$= \text{Minimum}\left\{5324 + 125;\ 5478\right\}$$
$$= 5449.$$

In diesem Fall wäre es für die Steuerzahlerin günstiger, die Kapitalerträge mit 25 Prozent zu versteuern. Die Günstigerprüfung führt in diesem Fall nicht zu einer niedrigeren Steuer.

4.2.2 Allgemeine Formeln

Die gesamte Steuerbelastung – abgekürzt mit StG – hängt also von zwei Variablen ab, vom Kapitaleinkommen KE und vom anderen Einkommen AE. Die gesamte Steuer lässt sich als Minimumfunktion darstellen und beträgt – wie oben schon erläutert:

Einkommensteuer nach Günstigerprüfung

Die Einkommensteuer nach der Günstigerprüfung (StG) beträgt

$$StG(KE, AE)$$
$$= Minimum\{\ 0{,}25 \cdot KE + ESt(AE);\ ESt(KE + AE)\ \}, \tag{4.6}$$

wobei

KE   zu versteuerndes Einkommen aus dem Kapitalertrag nach Abzug des Sparer-Pauschbetrages (z. B. von 801 Euro für Alleinstehende, da 801 Euro Kapitaleinkünfte bei Alleinstehenden steuerfrei sind.),

AE   zu versteuerndes Einkommen aus anderen Einkunftsarten und

ESt   Einkommensteuerfunktion, siehe Abschn. 1.2.

Wird die Formel (4.6) umgeformt, ergibt sich, dass der Einschluss der Kapitalerträge in die tarifliche Einkommensteuer vorteilhaft ist, wenn

$$0{,}25 \cdot KE + ESt(AE) > ESt(KE + AE)$$

gilt. Aus dieser Ungleichung folgt durch Umformung

Vorteil bei der Günstigerprüfung

Die Günstigerprüfung führt genau dann zu niedrigeren Steuern, wenn

$$\frac{ESt(KE + AE) - ESt(AE)}{KE} < 0{,}25 \tag{4.7}$$

gilt.

Beispiel 4.3 (Fortsetzung)

Weil

$$\frac{ESt(KE + AE) - ESt(AE)}{KE} = \frac{ESt(11.500) - ESt(11.000)}{500}$$
$$= \frac{235 - 152}{500} = 0{,}166 < 0{,}25$$

gilt, sind die kompletten Einnahmen nach dem Einkommensteuertarif zu besteuern.

Hätte die Studentin nur die 11.000 Euro und keine Kapitalerträge (KE = 0), würde die Steuer wie oben angegeben 152 Euro betragen, d. h., für 500 Euro Kapitalerträge zahlt sie 235 Euro minus 152 Euro, also 83 Euro Steuern. Die Kapitalerträge in Höhe von 500 Euro werden also mit 16,6 Prozent (= 83/500) versteuert. Die linke Seite in Formel (4.7) gibt also den Steuersatz für die Kapitalerträge an.

Außerdem kann berechnet werden, wie viel Kapitalerträge x die Studentin maximal erzielen darf, damit es günstiger ist, die Steuer komplett nach der tariflichen Einkommensteuer zu ermitteln. Dazu ist die Gleichung

$$\frac{ESt\left(x+11.000\right)-ESt\left(11.000\right)}{x}=0,25$$

zu lösen. Dabei ist zu beachten, dass die linke Seite möglicherweise nicht genau 0,25 ergeben kann, da nach dem Einkommensteuergesetz in § 32a Absatz 1 bei der zu zahlenden Steuer auf volle Euro-Beträge abgerundet wird.

Der Steuersatz auf die gesamten Kapitalerträge beträgt also maximal 25 Prozent. Aber es gibt eine Besonderheit, die nicht auf den ersten Block zu erkennen ist. Es kann sein, dass auf **zusätzliche** Kapitalerträge mehr als 25 Prozent zu versteuern sind. Dies wird an dem nächsten Beispiel erklärt.

Beispiel 4.4
Eine Rentnerin hat aus der Rente ein zu versteuerndes Einkommen von 11.000 Euro. Daneben erhält sie noch 9000 Euro Kapitaleinkommen. Dann muss sie insgesamt 2207 Euro Steuern zahlen, da

$$StG\left(9000,11.000\right)=Minimum\left\{\ 0,25\cdot9000+ESt\left(11.000\right);ESt\left(20.000\right)\ \right\}$$
$$=Minimum\left\{\ 2250+152;2.207\ \right\}$$
$$=2207.$$

Hat sie 1000 Euro mehr Kapitaleinkünfte, also insgesamt 10.000 Euro, muss sie 2466 Euro Steuern zahlen, denn:

$$StG\left(10.000,11.000\right)=Minimum\left\{\ 0,25\cdot10.000+ESt\left(11.000\right);ESt\left(21.000\right)\ \right\}$$
$$=Minimum\left\{\ 2500+152;2.470\ \right\}$$
$$=2470.$$

Bei 1000 Euro mehr Kapitalerträge sind also 263 Euro (= 2470 Euro − 2207 Euro) mehr Steuern zu zahlen. Das heißt, auf die zusätzlichen 1000 Euro sind 26,3

Prozent Steuern fällig, also mehr als 25 Prozent. Es kann also passieren, dass zusätzliche Kapitalerträge höher als 25 Prozent versteuert werden.

Woran liegt es, dass mehr als 25 Prozent Steuern auf den zusätzlichen Kapitalertrag zu zahlen sind? Sind 26,3 Prozent der höchste Satz oder können auch 30 oder 40 Prozent erreicht werden?

Beide Fragen hängen miteinander zusammen. Es ist zu klären, wie sich der Steuerbetrag ändert, wenn sich die Kapitalerträge ändern. Dies wird als Grenzsteuersatz für Einkommen aus Kapitalvermögen oder kürzer Grenzsteuersatz für Kapitaleinkommen bezeichnet. Der Grenzsteuersatz für Kapitaleinkommen ist mathematisch betrachtet die erste Ableitung, genauer die erste partielle Ableitung der ungerundeten Steuerfunktion StGu nach KE. Da die Steuerbelastung eine Funktion zweier Variablen ist, nämlich KE und AE, wird von partieller Ableitung gesprochen.

Aus der Formel (4.6) ergibt sich direkt:

Berechnung des Grenzsteuersatzes für Kapitaleinkommen

Für den Grenzsteuersatz für Kapitaleinkommen (KE > 0) bei Günstigerprüfung gilt

$$\frac{\partial \text{StGu}}{\partial \text{KE}} = \begin{cases} 0,25 & \text{für } \dfrac{\text{ESt}(\text{KE}+\text{AE})-\text{ESt}(\text{AE})}{\text{KE}} \geq 0,25 \\[3ex] \dfrac{\partial\big(\text{EStu}(\text{KE}+\text{AE})\big)}{\partial \text{KE}} & \\ = \text{GSt}(\text{KE}+\text{AE}) & \text{für } \dfrac{\text{ESt}(\text{KE}+\text{AE})-\text{ESt}(\text{AE})}{\text{KE}} < 0,25 \end{cases}$$

wobei

KE   zu versteuerndes Einkommen aus dem Kapitalertrag nach Abzug des Sparer-Pauschbetrages, siehe Kap. 2,

AE   zu versteuerndes Einkommen aus anderen Einkunftsarten,

ESt   Einkommensteuerfunktion, siehe Abschn. 1.2,

EStu   ungerundete Einkommensteuerfunktion, siehe Abschn. 1.3.2,

StGu   Steuer bei der Günstigerprüfung bei Verwendung der ungerundeten Einkommensteuer EStu in der Formel (4.6).

Bemerkungen

- Für die Ableitung muss die ungerundete Einkommensteuerfunktion verwendet werden.

- Die obige Aussage bedeutet, dass für den Fall $\dfrac{\mathrm{ESt}\left(\mathrm{KE}+\mathrm{AE}\right)-\mathrm{ESt}\left(\mathrm{AE}\right)}{\mathrm{KE}}<0,25$

  der Grenzsteuersatz für Kapitalerträge $\dfrac{\partial\left(\mathrm{EStu}\left(\mathrm{KE}+\mathrm{AE}\right)\right)}{\partial\mathrm{KE}}$ beträgt. Um diese

  Ableitung zu berechnen, ist zunächst die Einkommensteuerfunktion für ein Einkommen von KE + AE zu ermitteln; anschließend ist diese Funktion nach der Variablen KE abzuleiten. Es ergibt sich dann GSt(KE + AE).

Beispiel 4.4 (Fortsetzung)
Bei 11.000 Euro Arbeitseinkommen und 9000 Euro Kapitaleinkommen beträgt

der Grenzsteuersatz für Kapitalerträge

$$\left.\frac{\partial\mathrm{StGu}}{\partial\mathrm{KE}}\right|_{\mathrm{KE}+\mathrm{AE}=20.000}=\mathrm{GSt}(20.000)=26{,}06\ \%,\ \mathrm{da}$$

$$\frac{\mathrm{ESt}\left(\mathrm{KE}+\mathrm{AE}\right)-\mathrm{ESt}\left(\mathrm{AE}\right)}{\mathrm{KE}}=\frac{2207-152}{9000}=0{,}2283<0{,}25.$$

Insgesamt kann festgehalten werden: Auch wenn es nicht auf Anhieb zu erkennen ist, werden bei der Günstigerprüfung durch die Minimum-Funktion zusätzliche Kapitalerträge in manchen Fällen mit mehr als 25 Prozent versteuert. Eine Grafik für die Grenzsteuersätze bei Kapitalerträgen ist in Pfeifer (2010) zu finden. Grafiken, bei welchen Kapitaleinkünften im Vergleich zu anderen Einkünften die Günstigerprüfung vorteilhaft ist, sind auch in Hechtner und Hundsdorfer (2008) und in Städtler (2019) angegeben. Diese Grafiken beziehen sich allerdings auf ältere Einkommensteuertarife. Aber prinzipiell hat sich nichts geändert.

Neben der Minimumfunktion (Günstigerprüfung) ist für die hohe Grenzsteuerbelastung für Kapitalerträge natürlich auch der progressive Einkommensteuertarif in Deutschland „schuldig", da bei einem progressiven Steuertarif zusätzliches Einkommen eines Steuerpflichtigen immer überdurchschnittlich hoch mit der tariflichen Einkommensteuer belastet wird.

4.3 Progressionsvorbehalt

4.3.1 Steuerberechnung bei Einkünften unter Progressionsvorbehalt

Gewisse Einkünfte, wie beispielsweise Arbeitslosengeld (ALG I), Kurzarbeitergeld, Krankengeld oder Elterngeld, sind zwar steuerfrei, sie unterliegen aber dem sogenannten Progressionsvorbehalt. Das bedeutet, sie können die Steuerlast erhöhen. Im Paragrafen 32b des Einkommensteuergesetzes ist dies geregelt:

§ 32b Progressionsvorbehalt

(1) Hat ein zeitweise oder während des gesamten Veranlagungszeitraums unbeschränkt Steuerpflichtiger oder ein beschränkt Steuerpflichtiger, auf den § 50 Absatz 2 Satz 2 Nummer 4 Anwendung findet,
1. a) Arbeitslosengeld, Teilarbeitslosengeld, Zuschüsse zum Arbeitsentgelt, Kurzarbeitergeld, Insolvenzgeld, … b) Krankengeld, Mutterschaftsgeld … oder
2. ausländische Einkünfte, die im Veranlagungszeitraum nicht der deutschen Einkommensteuer unterlegen haben … , bezogen, so ist auf das nach § 32a Absatz 1 zu versteuernde Einkommen ein besonderer Steuersatz anzuwenden.
(2) Der besondere Steuersatz nach Absatz 1 ist der Steuersatz, der sich ergibt, wenn bei der Berechnung der Einkommensteuer das nach § 32a Absatz 1 zu versteuernde Einkommen vermehrt oder vermindert wird um
1. im Fall des Absatzes 1 Nummer 1 die Summe der Leistungen nach Abzug des Arbeitnehmer-Pauschbetrags (§ 9a Satz 1 Nummer 1), soweit er nicht bei der Ermittlung der Einkünfte aus nichtselbständiger Arbeit abziehbar ist;
2. im Fall des Absatzes 1 Nummer 2 bis 5 die dort bezeichneten Einkünfte, wobei die darin enthaltenen außerordentlichen Einkünfte mit einem Fünftel zu berücksichtigen sind. …

Zur Berechnung der Steuer ist ein besonderer Steuersatz auszurechnen. Mit diesem Steuersatz wird dann das zu versteuernde Einkommen ohne die Einkünfte, die dem Progressionsvorbehalt unterliegen, besteuert. Der besondere Steuersatz ist der Durchschnittssteuersatz, wenn das Einkommen, das dem Progressionsvorbehalt unterliegt, zu dem zu versteuernden Einkommen addiert wird.

Es sei x das zu versteuernde Einkommen[2] und sfrei die steuerfreien Einkünfte, die dem Progressionsvorbehalt unterliegt. Dann gilt:

---

[2] vermindert um den Arbeitnehmerpauschbetrag, sofern er nicht bereits bei der Berechnung des zu versteuernden Einkommens x berücksichtigt wurde.

Einkommensteuer bei steuerfreien Einkünften

Beim Vorliegen steuerfreier Einkünfte beträgt die zu zahlende Einkommensteuer im Grundtarif:

$$\text{Gesamt}(x,\ \text{sfrei}) = \left\lfloor \text{ABRUNDEN}\left(\frac{\text{ESt}(x+\text{sfrei})}{x+\text{sfrei}};6\right)\cdot x\right\rfloor, \qquad (4.8)$$

wobei

sfrei   die steuerfreien Einkünfte und

x   das zu versteuernde Einkommen und ABRUNDEN(a;n) die auf n
         Dezimalstellen abgerundete Zahl a ist

Einkünfte, die dem Progressionsvorbehalt unterliegen, können auch negativ
sein, beispielsweise bei Rückzahlungen von Einkommenseratzleistungen.

Begründung der Formel (4.8)

Der besondere Steuersatz ist $\dfrac{\text{ESt}(x+\text{sfrei})}{x+\text{sfrei}}$. Er ist der Durchschnittssteuersatz,

wenn die steuerfreien Einkünfte zum zu versteuernden Einkommen hinzugerechnet
werden. Dieser „fiktive" Steuersatz ist dann mit x zu multiplizieren, um die Steuer
zu berechnen. Da die Prozentangabe des Durchschnittssteuersatzes auf vier Nachkommastellen abzurunden ist, muss der Durchschnittssteuersatz auf vier plus zwei,
also sechs Stellen abgerundet werden. Dies wird erreicht, indem beispielsweise die
Funktion ABRUNDEN verwendet wird.

Statt die Funktion ABRUNDEN in der Formel (4.8) zu verwenden, kann statt-
dessen der Durchschnittssteuersatz mit einer Million multipliziert und dann auf
ganze Euro mithilfe der Gauß-Klammer abgerundet werden. Nach der Multi-
plikation mit x muss dann wieder durch eine Million geteilt werden. Deshalb kann
die Formel (4.8) auch Folgendermaßen dargestellt werden:

$$\text{Gesamt}(x,\ \text{sfrei}) = \left\lfloor \left\lfloor \frac{\text{ESt}(x+\text{sfrei})}{x+\text{sfrei}}\cdot 1.000.000\right\rfloor\cdot\frac{x}{1.000.0000}\right\rfloor. \qquad (4.9)$$

Beispiel 4.5

Frau A hat ein zu versteuerndes Einkommen von 30.000 Euro und steuerfrei Arbeitslosengeld von 5000 Euro erhalten. Dann beträgt ihre Steuer nach Formel (4.8)

$$
\begin{aligned}
\text{Gesamt}(30.000, 5000) &= \left\lfloor \text{ABRUNDEN}\left(\frac{\text{ESt}(30.000 + 5000)}{30.000 + 5000};6 \right) \cdot 30.000 \right\rfloor \\
&= \left\lfloor \text{ABRUNDEN}\left(\frac{6581}{30.000 + 5000};6 \right) \cdot 30.000 \right\rfloor \\
&= \lfloor 18,8028 \% \cdot 30.000 \rfloor \\
&= 5640.
\end{aligned}
$$

Da ESt(30.000) = 5020 ist, sind also wegen der steuerfreien 5000 Euro genau 620 Euro mehr Steuern zu zahlen. Die Einkommen, die dem Progressionsvorbehalt unterliegen, sind somit eigentlich nicht steuerfrei. Auf die 5000 Euro sind also 12,4 Prozent Steuern zu zahlen.

Bei voller Steuerpflicht der 5000 Euro wären dagegen insgesamt 6581 Euro fällig, also auf die 5000 Euro 1561 Euro Steuern mehr.

Beispiel 4.6

Herr B hat ein zu versteuerndes Einkommen von 300.000 Euro erzielt und steuerfrei 5000 Euro erhalten. Die 5000 Euro unterliegen aber dem Progressionsvorbehalt. Dann beträgt die Steuer insgesamt

$$
\begin{aligned}
\text{Gesamt}(300.000, 5000) &= \left\lfloor \text{ABRUNDEN}\left(\frac{\text{ESt}(300.000 + 5000)}{300.000 + 5000};6 \right) \cdot 300.000 \right\rfloor \\
&= \left\lfloor \text{ABRUNDEN}\left(\frac{119.647}{305.000};6 \right) \cdot 300.000 \right\rfloor \\
&= \lfloor 39,2285 \% \cdot 300.000 \rfloor \\
&= 117.685.
\end{aligned}
$$

Ohne steuerfreie Einkünfte wären bei 300.000 Euro zu versteuerndes Einkommen 117.397 Euro Einkommensteuer fällig. Also sind auf die 5000 Euro im Vergleich zu Frau A nur 288 Euro statt 620 Euro zusätzlich mehr Einkommensteuern zu zahlen. Das sind auf die 5000 Euro Einkünfte bezogen bei Herrn B nur 5,75 Prozent statt 12,40 Prozent Steuern bei Frau A aus Beispiel 4.5, obwohl beide gleich hohe sogenannte „steuerfreie" Einkünfte haben.

Allerdings muss Herr B nach aktuellem Stand zusätzlich noch 5,5 Prozent Solidaritätszuschlag zahlen, die bei Frau A. mit ihrem niedrigeren Einkommen entfällt.

4.3.2 Grenzsteuersatz für steuerfreie Einkünfte

Um zu untersuchen, wie hoch diese sogenannten steuerfreien Einkünfte besteuert werden, ist der Grenzsteuersatz auf steuerfreie Einkünfte sinnvoll. Dieser Grenzsteuersatz ist (näherungsweise) der Steuersatz, mit dem der erste Euro der steuerfreien Einkünfte versteuert wird.[3] Um diesen Grenzsteuersatz, abgekürzt mit GSt_{sfrei}, zu berechnen, muss auf Rundungen verzichtet werden, ansonsten existiert kein Grenzsteuersatz, vgl. Abschn. 1.3.2 zur Funktion GSt.

Für den Grenzsteuersatz auf steuerfreie Einkünfte bei bekannten zu versteuernden Einnahmen x gilt:

$$
\begin{aligned}
GSt_{sfrei}(x) &= \lim_{sfrei \to 0} \frac{Gesamtu(x, sfrei) - Gesamtu(x,0)}{sfrei - 0} \\
&= \lim_{sfrei \to 0} \frac{\dfrac{EStu(x + sfrei)}{x + sfrei} \cdot x - EStu(x)}{sfrei}
\end{aligned}
\tag{4.10}
$$

wobei
sfrei   die steuerfreien Einkünfte,
x   das zu versteuernde Einkommen,
Gesamtu   die gesamte, ungerundete Steuer (= Formel (4.8), jedoch ohne Rundungen) und
EStu   die ungerundete tarifliche Einkommensteuer ESt ist.

$$
\frac{\dfrac{EStu(x + sfrei)}{x + sfrei} \cdot x - EStu(x)}{sfrei}
$$
ist der Steuersatz, mit dem die steuerfreien Einkünfte sfrei versteuert bzw. mit Einkommensteuern „praktisch" belastet werden.

---

[3] Formal wird diese Steuer nicht auf das steuerfreie Einkommen erhoben, sondern erhöht die Steuer auf das andere zu versteuernde Einkommen.

Mit der Formel (1.4) erhalten Sie,[4] wenn x und x + sfrei im gleichen Tarif-bereich liegen

$$\frac{\dfrac{\text{EStu}(x+\text{sfrei})}{x+\text{sfrei}}\cdot x - \text{EStu}(x)}{\text{sfrei}}$$

$$= \begin{cases} 0 & \text{für} \quad 0 < x < 9984 \\[2mm] \dfrac{1008,7}{10.000^2}x + \dfrac{\left(0,14 - \dfrac{1008,7}{10.000^2}\cdot 9984\right)\cdot 9984}{x+\text{sfrei}} & \text{für} \quad 9984 < x < 14.926 \\[4mm] \dfrac{206,43}{10^8}x + \dfrac{\left(\dfrac{2397}{10^4} - \dfrac{206,43}{10^8}\cdot 14.926\right)\cdot 14.926 - 938,24}{x+\text{sfrei}} & \text{für} \quad 14.926 < x < 58.596 \\[4mm] \dfrac{9267,53}{x+\text{sfrei}} & \text{für} \quad 58.596 < x < 277.825 \\[3mm] \dfrac{17.602,28}{x+\text{sfrei}} & \text{für} \quad x > 277.825 \end{cases}$$

$$= \begin{cases} 0 & \text{für} \quad 0 < x < 9984 \\[2mm] \dfrac{1008,7}{10.000^2}x + \dfrac{392,285277}{x+\text{sfrei}} & \text{für} \quad 9984 < x < 14.926 \\[3mm] \dfrac{206,43}{10^8}x + \dfrac{2179,626142}{x+\text{sfrei}} & \text{für} \quad 14.926 < x < 58.596 \\[3mm] \dfrac{9267,53}{x+\text{sfrei}} & \text{für} \quad 58.596 < x < 277.825 \\[3mm] \dfrac{17.602,28}{x+\text{sfrei}} & \text{für} \quad x > 277.825 \end{cases} \tag{4.11}$$

Wichtig zu beachten ist, dass die Formel (4.11) nur – wie schon erwähnt – gilt, wenn x und x + sfrei im gleichen Tarifbereich (der insgesamt fünf Tarifbereiche) der Einkommensteuerformel liegen. Ansonsten werden die Formeln komplizierter, da viele Fallunterscheidungen zu berücksichtigen sind.

An der Formel (4.11) ist zu erkennen, dass bei festem zu versteuernden Ein-kommen x bis auf den ersten Tarifbereich in jedem einzelnen der vier anderen Tarifbereiche der Ausdruck bezüglich sfrei sogar eine streng monoton fallende Funktion ist, d. h., es gilt folgende Ungleichung:

$$\frac{\text{Gesamtu}(x, \text{sfrei}_1) - \text{EStu}(x)}{\text{sfrei}_1} > \frac{\text{Gesamtu}(x, \text{sfrei}_2) - \text{EStu}(x)}{\text{sfrei}_2} \text{ für sfrei}_1 < \text{sfrei}_2.$$

---

[4] Bequem kann die Umformung auch mit einem Algebra-Programm wie beispielsweise Wolfram Mathematica durchgeführt werden.

Beispiel 4.6 (Fortsetzung)
Die schon berechneten 12,4 Prozent Einkommensteuern bezüglich der 5000 Euro steuerfreien Einkünfte können auch mit der Formel (4.11) direkt berechnet werden, da 30.000 Euro und 35.000 Euro im gleichen Tarifbereich liegen. Für den zweiten Tarifbereich gilt

$$\frac{\text{Gesamtu}\left(x, \text{sfrei}\right) - \text{EStu}\left(x\right)}{\text{sfrei}} = \frac{206,43}{10^8} x + \frac{2179,626142}{x + \text{sfrei}}.$$

Damit ergibt sich

$$\frac{206,43}{10^8} \cdot 30.000 + \frac{2179,626142}{30.000 + 5000} = 0,124.$$

Allerdings beinhaltet die Formel (4.11) keine Rundungen der Einkommensteuer.

Setzen Sie das Ergebnis (4.11) in Formel (4.10) ein, folgt für den Grenzwert[5]

$$\text{GSt}_{\text{sfrei}}\left(x\right) = \begin{cases} 0 & \text{für} & 0 < x < 9984 \\[2mm] \dfrac{1008,7}{10^8} x + \dfrac{392,285277}{x} & \text{für} & 9984 < x < 14.926 \\[2mm] \dfrac{206,43}{10^8} x + \dfrac{2179,626142}{x} & \text{für} & 14.926 < x < 58.596 \\[2mm] \dfrac{9267,53}{x} & \text{für} & 58.596 < x < 277.825 \\[2mm] \dfrac{17.602,28}{x} & \text{für} & x > 277.825 \end{cases}$$

Der Grenzsteuersatz für steuerfreie Einkünfte nimmt somit folgende Werte in Abhängigkeit des zu versteuernden Einkommens an:

$$\begin{cases} 0\,\% & \text{für} & 0 < x < 9984 \\ \text{von } 14\,\% \text{ bis auf } 17,68\,\% \text{ steigend} & \text{für} & 9984 < x < 14.926 \\ \text{von } 17,68\,\% \text{ über } 13,42\,\% \text{ auf } 15,82\,\% \text{ sich verändernd} & \text{für} & 14.926 < x < 58.596 \\ \text{von } 15,82\,\% \text{ auf } 3,34\,\% \text{ fallend} & \text{für} & 58.596 < x < 277.825 \\ \text{von } 6,34\,\% \text{ gegen } 0\,\% \text{ fallend} & \text{für} & x > 277.825 \end{cases}$$

---

[5] Bei der Grenzwertbildung ist die Bedingung, dass x und x+sfrei im selben Tarifbereich liegen, erfüllt.

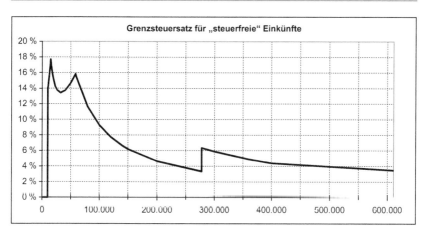

Abb. 4.3 Grenzsteuer für „steuerfreie" Einkünfte in Abhängigkeit des zu versteuernden Einkommens

Das Minimum des Grenzsteuersatzes im dritten Tarifbereich von 13,42 Prozent wird bei einem Einkommen von 32.494,11 Euro erreicht.[6]

In der Abb. 4.3 ist der Grenzsteuersatz in Abhängigkeit des zu versteuernden Einkommens dargestellt. Auffällig ist, dass bei hohem Einkommen der Grenzsteuersatz sinkt. Das bedeutet, dass zusätzliche gleiche „steuerfreie" Einkünfte wegen des Progressionsvorbehalts niedriger versteuert werden als bei niedrigeren zu versteuernde Einkommen.[7] Dies liegt daran, dass der Durchschnittssteuersatz mit höheren Einkommen nicht mehr stark ansteigt, was aus der Abb. 1.5 deutlich zu erkennen ist.

Literatur

Bundesministerium der Justiz und für Verbraucherschutz (Hrsg.) (2020): Zweites Gesetz zur steuerlichen Entlastung von Familien sowie die Anpassung weiterer steuerlicher Regelungen (Zweites Familienentlastungsgesetz – 2. FamEntlastG); Bundesgesetzblatt Jg. 2020 Teil I, Nr. 58, S. 2616 – S. 2618. www.bundesgesetzblatt.de

[6] Zu beachten ist, dass der Grenzsteuersatz mit der ungerundeten Einkommensteuerfunktion berechnet wird.

[7] Genauer müsste es heißen: Bei gleichen steuerfreien Einkünften sind bei höheren zu versteuernden Einkommen wegen der steuerfreien Einkünften weniger zusätzliche Steuern zu zahlen als bei niedrigeren zu versteuernden Einkommen.

Bundesministerium der Finanzen (Hrsg.) (2021): Lohn- und Einkommensteuerrechner. Online im Internet: https://www.bmf-steuerrechner.de (Abrufdatum: 9.9.2021)

Bundesministerium der Justiz und für Verbraucherschutz (Hrsg.) (2021): Einkommensteuergesetz; https://www.gesetze-im-internet.de (Abrufdatum: 9.9.2021)

Hechtner, Frank (2011): Enteignende Besteuerung durch steuerfreie Einkünfte? Paradoxe
Wirkungen des Progressionsvorbehalts aus theoretischer und empirischer Sicht. Zeitschrift für Betriebswirtschaft 81, S. 1141–1175

Hechtner, Frank; Hundsdorfer, Jochen (2008): Steuerbelastung privater Kapitaleinkünfte
nach Einführung der Abgeltungsteuer unter besonderer Berücksichtigung der Günstigerprüfung: Unsystematische Grenzbelastungen und neue Gestaltungsmöglichkeiten;
Arbeitskreis Quantitative Steuerlehre (arqus), Diskussionsbeitrag Nr. 3.

Pfeifer, Andreas (2010): Die Minimumfunktion und die Abgeltungsteuer. In: WISU. Zeitschrift für Ausbildung, Examen, Berufseinstieg und Fortbildung 3/10; S. 395 401

Pfeifer, Andreas (2016): Finanzmathematik – Lehrbuch für Studium und Praxis; Haan:
Europa Lehrmittel, 6. Auflage

Städtler, Daniel (2019): Günstigerprüfung bei der Einkommensteuerberechnung unter Verwendung der Kapitalertragsteuer und des Einkommensteuertarifs; Darmstadt: Bachelor-
arbeit Hochschule Darmstadt

Wissenschaftliche Dienste des Deutschen Bundestags (2019): Kalte Progression, WD 4 –
3000 – 083/19; Berlin: Deutscher Bundestag

Andere Einkommensteuertarife

5

5.1 Einkommensteuertarif in Österreich

Besteuert wird das Einkommen, das innerhalb eines Kalenderjahres bezogen wird. Das Einkommen ist der Gesamtbetrag aus sieben Einkunftsarten unter Berücksichtigung von Verlusten abzüglich gewisser Beträge.

Der Steuertarif ist in § 33 (Steuersätze und Steuerabsetzbeträge) des österreichischen Einkommensteuergesetzes zu finden. Es gilt:

TARIF
Steuersätze und Erstattungsbeträge

§ 33

(1) Die Einkommensteuer beträgt jährlich

für die ersten 11.000 Euro	*0 %*
für Einkommensteile über 11.000 Euro bis 18.000 Euro	*20 %*
für Einkommensteile über 18.000 Euro bis 31.000 Euro	*35 %*
für Einkommensteile über 31.000 Euro bis 60.000 Euro	*42 %*
für Einkommensteile über 60.000 Euro bis 90.000 Euro	*48 %*
für Einkommensteile über 90.000 Euro	*50 %*

Für Einkommensteile über eine Million Euro beträgt der Steuersatz in den Kalenderjahren von 2016 bis 2025 55 %.

*(2) Von dem sich nach Abs. 1 ergebenden Betrag sind die **Absetzbeträge** nach den Abs. 4 bis 6 abzuziehen …*

Es gibt kein Ehegatten- oder Familiensplitting wie in Deutschland. Die Berücksichtigung von Familien erfolgt durch Absetzbeträge, auf die hier nur kurz eingegangen wird. Absetzbeträge gibt es beispielsweise auch für Arbeitnehmer oder für Fahrkosten von der Wohnung zur Arbeitsstätte (Verkehrsabsetzbetrag). Auch ist kein direkter Vergleich des österreichischen mit dem deutschen Tarif sinnvoll, da Werbungskosten in Deutschland vor Berechnung der tariflichen Einkommensteuer berücksichtigt werden.

Weitere Angaben zum österreichischen Einkommensteuergesetz finden Sie unter

www.bmf.gv.at/Steuern.

Aus dem die österreichischen Einkommensteuergesetz ergibt sich folgende Tarifformel für Einkommensteuer in Abhängigkeit des Einkommens

$$EStÖ(x)$$

$$= \begin{cases} 0 & \text{für} & 0\, \euro & \leq x < & 11.000\, \euro \\ 0,2 \cdot (x - 11.000) & \text{für} & 11.000\, \euro & \leq x < & 18.000\, \euro \\ 1400 + 0,35 \cdot (x - 18.000) & \text{für} & 18.000\, \euro & \leq x < & 31.000\, \euro \\ 5950 + 0,42 \cdot (x - 31.000) & \text{für} & 31.000\, \euro & \leq x < & 60.000\, \euro \\ 18.130 + 0,48 \cdot (x - 60.000) & \text{für} & 60.000\, \euro & \leq x < & 90.000\, \euro \\ 32.530 + 0,50 \cdot (x - 90.000) & \text{für} & 90.000\, \euro & \leq x < & 1.000.000\, \euro \\ 487.530 + 0,55 \cdot (x - 1.000.000) & \text{für} & 1.000.000\, \euro & \leq x \end{cases}$$

Die österreichische Tariffunktion ist wie die deutsche Funktion eine abschnittsweise (bereichsweise) definierte Funktion.

Der Summand 1400 im dritten Tarifbereich der obigen Formel ergibt sich aus

$$0,2 \cdot (18.000 - 11.000).$$

Der Summand 5950 im vierten Tarifbereich wird erhalten, wenn in die Formel für den dritten Tarifbereich 31.000 eingesetzt wird:

$$1400 + 0,35 \cdot (31.000 - 18.000).$$

Entsprechend können die weiteren drei Summanden der obigen Formel nachgewiesen werden.

Beispiel 5.1

Bei einem Einkommen von 32.000 Euro ergibt sich eine Steuer von 6370 Euro, da

$$11.000 \cdot 0,00 + 7000 \cdot 0,2 + 13.000 \cdot 0,35 + 1000 \cdot 0,42$$
$$= 5950 + 0,42 \cdot \left(32.000 - 31.000\right) = 6370.$$

Davon sind dann noch verschiedene Absetzbeträge abzuziehen, um die zu zahlende Steuer zu ermitteln.

Der Grenzsteuersatz (also die erste Ableitung der Steuerfunktion nach dem Einkommen) beträgt 42 Prozent bei einem Einkommen von 32.000 Euro. Das heißt, die im österreichischen Steuergesetz angegebenen Steuersätze sind Grenzsteuersätze.

Die Ableitung der Einkommensteuer nach dem Einkommen kann aus den Zahlenwerten des österreichischen Steuergesetzes direkt übernommen werden. An den Bereichsübergangsstellen (11.000 Euro, 18.000 Euro usw.) ist die Steuerfunktion nicht differenzierbar, d. h., es existiert keine Ableitung, also kein Grenzsteuersatz. Wird jedoch der Grenzsteuersatz an den Übergangsstellen als rechtsseitiger Grenzwert der Ableitung definiert, ergibt sich folgende Funktion für den österreichischen Grenzsteuersatz GStÖ in Abhängigkeit des zu versteuernden Einkommens x (Abb. 5.1):

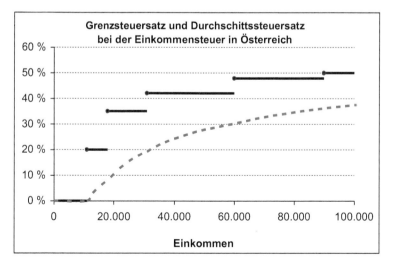

Abb. 5.1 Grenzsteuersatz und Durchschnittssteuersatz (gestrichelte Linie) in Österreich in Abhängigkeit des zu versteuernden Einkommens

$$GSt\ddot{O}(x) = \begin{cases} 0\ \% & \text{für} & 0\ \text{€} & \leq x < & 11.000\ \text{€} \\ 20\ \% & \text{für} & 11.000\ \text{€} & \leq x < & 18.000\ \text{€} \\ 35\ \% & \text{für} & 18.000\ \text{€} & \leq x < & 31.000\ \text{€} \\ 42\ \% & \text{für} & 31.000\ \text{€} & \leq x < & 60.000\ \text{€} \\ 48\ \% & \text{für} & 60.000\ \text{€} & \leq x < & 90.000\ \text{€} \\ 50\ \% & \text{für} & 90.000\ \text{€} & \leq x < & 1.000.000\ \text{€} \\ 55\ \% & \text{für} & 1.000.000\ \text{€} & \leq x \end{cases}$$

5.2 Bundessteuertarif in der Schweiz

Die Einkommensteuer in der Schweiz setzt sich aus drei Einkommensteuern zusammen: Der Bund erhebt die sogenannte „Bundessteuer", der Kanton eine „Staatssteuer" und die Gemeinde eine „Gemeindesteuer".

Für den Tarif für die Bundessteuer gilt nach Artikel 36 des Bundesgesetzes über die direkte Bundessteuer (DBG):

Art. 36 DBG

(1) Die Steuer für ein Steuerjahr beträgt:

	Franken	
bis 14 500 Franken Einkommen	*0.00*	
und für je weitere 100 Franken Einkommen	*0.77*	*mehr*
für 31 600 Franken Einkommen	*131.65*	
und für je weitere 100 Franken Einkommen	*0.88*	*mehr;*
für 41 400 Franken Einkommen	*217.90*	
und für je weitere 100 Franken Einkommen	*2.64*	*mehr;*
für 55 200 Franken Einkommen	*582.20*	
und für je weitere 100 Franken Einkommen	*2.97*	*mehr;*
für 72 500 Franken ...		

Es folgen noch viele weitere Tarifbereiche, die hier nicht angegeben sind. Der Tarif der Bundessteuer wird jährlich an den Landesindex der Konsumentenpreise angepasst. Der vollständige Tarif ist unter dem Portal der Schweizer Regierung (www.admin.ch) zu finden, siehe Bundeskanzlei (2021) und Bundesministerium für Digitalisierung und Wirtschaftsstandort (2021).

Der Bundestarif ist in jedem Tarifbereich ein linearer Tarif. Da aber mit jedem weiteren Tarifbereich der zu zahlende Steuersatz steigt, spricht man trotzdem oft von einem progressiven Steuertarif.

Die Tarife für die Staatssteuer und die Gemeindesteuer werden durch Kantone und Gemeinden selbstständig festgelegt, sodass sich die Einkommensteuer an verschiedenen Orten in der Schweiz erheblich unterscheiden kann.

Literatur

Bundeskanzlei (Hrsg.) (2021): Bundesgesetz über die direkte Bundessteuer; Bern; Online im Internet: https://www.fedlex.admin.ch/de/home (Abrufdatum 9.9.2021)

Bundesministerium für Digitalisierung und Wirtschaftsstandort (Hrsg.) (2021): Einkommensteuergesetz; https://www.ris.bka.gv.at/GeltendeFassung.wxe?Abfrage=Bundesnormen&Gesetzesnummer=10004570 (Abrufdatum: 22.9.2021)

Anwendung in der Schule 6

6.1   Vorteile für den Unterricht

Die Einkommensteuer kann in der Schule bei Beispielsaufgaben im Analysisunterricht der Sekundarstufen I und II eingesetzt werden. Dabei können nicht nur lineare und quadratische Funktionen und Rechenregeln eingeübt werden, die bei der Berechnung der Einkommensteuer von Nöten sind, sondern die Einkommensteuer ist auch eine sinnvolle Anwendung für zahlreiche Begriffe wie Monotonie, Stetigkeit und Grenzwert. Ein Beispiel, wie dies mit einfachen Mitteln umgesetzt werden kann, ist auch in Pfeifer (2014) zu finden. Daneben ist das Thema Einkommensteuer auch sinnvoll als Projekt bei einer Schul-Projektwoche für Mathematik oder Informatik anzuwenden.

In den „Bildungsstandards im Fach Mathematik für die Allgemeine Hochschulreife" (Beschluss der Kultusministerkonferenz vom 18.10.2012) wird sogar die Einkommensteuer als ein Anwendungsbeispiel für den Analysisunterricht erwähnt. Dabei wird insbesondere „die Rekonstruktion des Einkommens aus den Grenzsteuersätzen" genannt, allerdings ohne weitere oder präzisere Angaben.

Die Behandlung der Einkommensteuer in der Schule hat viele Vorteile:

1. Praxisbezogene Problemstellung.
   Die Mathematik – insbesondere im Analysisunterricht der Oberstufe – wird meist als weltfremd angesehen. Die Untersuchung der Einkommensteuer widerlegt dies.
2. Wiedererkennungswert.
   Die Einkommensteuer ist ein Thema, an das sich die Schülerinnen und Schüler auch nach der Schule noch erinnern, da diese Begriffe – wie beispielsweise

© Der/die Autor(en), exklusiv lizenziert durch Springer Fachmedien Wiesbaden GmbH, ein Teil von Springer Nature 2022
A. Pfeifer, *Konstruktion, Berechnung und Eigenschaften des deutschen Einkommensteuertarifs*, https://doi.org/10.1007/978-3-658-36083-2_6

Durchschnittssteuersatz und Grenzsteuersatz – im Berufsleben nicht nur immer wieder auftauchen, sondern deren Kenntnisse zur Bewertung des Bruttoeinkommens notwendig und sinnvoll sind.

3. Weiterführende Fragen.
Bei der Behandlung einzelner Themen ergeben sich weiterführende Fragen „von selbst". Beispielsweise bei der komplizierten Steuerformel mit den fünf Bereichen taucht die Frage auf: Muss man wirklich mehr Steuern zahlen, wenn sich das zu versteuernde Einkommen erhöht? Oder die Frage: Welche Auswirkungen auf die Steuerformeln hat eine Senkung oder eine Erhöhung nur des Eingangssteuersatzes?

6.2   Einsatz im Mathematikunterricht mit Einzelaufgaben

Gegeben sind der Gesetzestext des Einkommensteuergesetzes oder schon die Formeln aus Abschn. 1.2. Berechnet werden sollen die Steuern bei verschiedenen zu versteuernden Einkommen oder die Eigenschaften der Einkommensteuerfunktion. Beispielsweise:

a) Berechnen Sie die Einkommensteuer bei einem zu versteuernden Einkommen von 20.000 Euro nach dem Grundtarif!

b) Berechnen Sie die Einkommensteuer bei zu versteuernden Jahreseinkommen von 10.000 Euro bis 100.000 Euro in Zehntausenderschritten für den Grundtarif und das Splitting-Verfahren!

c) Ein Ehepartner hat ein zu versteuerndes Einkommen von 20.000 Euro, der andere Ehepartner hat ein zu versteuerndes Einkommen von 40.000 Euro. Wie hoch ist die Steuer nach dem Splitting-Verfahren?
Wenn jeder Ehepartner getrennt Einkommensteuer zu zahlen hat, wie hoch wäre dann die Steuer?

d) Erstellen Sie eine Grafik der Einkommensteuer in Abhängigkeit des zu versteuernden Einkommens für den Grundtarif!

e) Zeichnen Sie den Grenzsteuersatz und den Durchschnittssteuersatz in die Abb. 6.1 ein!

f) Berechnen Sie die Abgeltungsteuer bei Zinseinnahmen von 500 Euro, 1000 Euro und 10.000 Euro unter Berücksichtigung des Pauschbetrags von 801 Euro!

g) Herr Müller hat voraussichtlich ein zu versteuerndes Jahreseinkommen von 50.000 Euro. Wenn sich sein zu versteuerndes Einkommen um 1000 Euro erhöht, um wie viel Euro erhöht sich die Einkommensteuer?

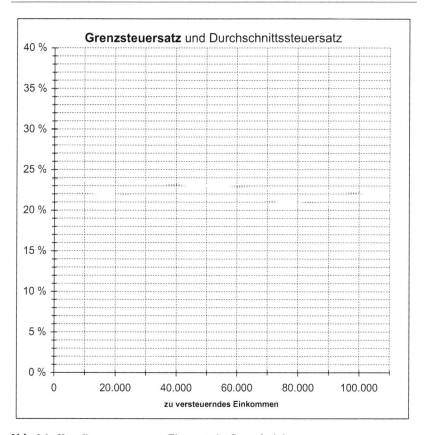

Abb. 6.1 Koordinatensystem zum Eintragen der Steuerfunktion

h) Herr Müller hat einen Grenzsteuersatz von 20 Prozent. Wie hoch ist sein Einkommen?

i) Ist die Einkommensteuerfunktion differenzierbar? (Begründung nicht vergessen!)

j) Berechnen Sie die Ableitung der ungerundeten Einkommensteuerfunktion! Hinweis: Wenn Sie die Kettenregel dazu verwenden, ist die Ableitung leichter zu ermitteln.

k) Frau Maier zahlt nur 311 Euro Einkommensteuer, Frau Müller dagegen 3110 Euro. Wie hoch ist jeweils ihr zu versteuerndes Einkommen? Ist das zu versteuernde Einkommen eindeutig zu berechnen?

l) Weisen Sie nach, dass die Einkommensteuerfunktion eine monoton steigende Funktion ist!

6.3   Projekt im Mathematik- oder Informatik-Unterricht

Die Einkommensteuer kann als Projektthema verwendet werden: Ein Beispiel:

Erstellen Sie ein Programm, mit dem aus dem zu versteuernden Einkommen, die Einkommensteuer und der Solidaritätszuschlag berechnet werden. Vorgegeben ist ein Auszug aus dem Einkommensteuergesetz § 32a.

Mögliche Gliederung bzw. Aufgaben

1. Umsetzung des Einkommensteuergesetzes in eine (mathematische) Funktionsvorschrift (Formel).
2. Umsetzung in ein Software-Programm, beispielsweise Excel oder Mathematica, sodass bei Eingabe des zu versteuernden Einkommens die Einkommensteuer angezeigt wird.
3. Erstellung von Grafiken der zu zahlenden Steuer (jeweils Grundtarif und Splittingverfahren) in Abhängigkeit des zu versteuernden Einkommens
4. Bildung der Grenzsteuersätze, d. h. Ermitteln von Ableitungen.
5. Erstellung einer Grafik für die Grenzsteuersätze in Abhängigkeit des zu versteuernden Einkommens.

Alles kann zunächst auch nur für den Grundtarif erstellt werden. Anschließend können die Berechnungen auf das Splitting-Verfahren erweitert werden. Weitere Fragestellungen für Aufgaben finden Sie in der im Folgenden angegebenen Literatur.

Literatur

Bundesministerium der Justiz und für Verbraucherschutz (Hrsg.) (2020): Zweites Gesetz zur steuerlichen Entlastung von Familien sowie die Anpassung weiterer steuerlicher Regelungen (Zweites Familienentlastungsgesetz – 2. FamEntlastG); Bundesgesetzblatt Jg. 2020 Teil I, Nr. 58, S. 2616 – S. 2618. www.bundesgesetzblatt.de
Bundesministerium der Finanzen (Hrsg.) (2021): Lohn- und Einkommensteuerrechner. Online im Internet: https://www.bmf-steuerrechner.de (Abrufdatum: 9.9.2021)
Bundesministerium der Justiz und für Verbraucherschutz (Hrsg.) (2021): Einkommensteuergesetz; https://www.gesetze-im-internet.de (Abrufdatum: 9.9.2021)
Gramm, Andreas u. a. (2011): Das große Tafelwerk interaktiv 2.0. Formelsammlung für die Sekundarstufen I und II; Berlin: Cornelsen
Hessisches Kultusministerium (2010): Lehrplan Mathematik Gymnasialer Bildungsgang Jahrgangsstufen 5G bis 9G und gymnasiale Oberstufe; Wiesbaden: Hessisches Kultusministerium

Pfeifer, Andreas (2010): Die Minimumfunktion und die Abgeltungsteuer. In: WISU. Zeit-schrift für Ausbildung, Examen, Berufseinstieg und Fortbildung 3/10; 395–401

Pfeifer, Andreas (2013): Praxisbeispiele der Mathematik. In: MNU – Mathematischer und Naturwissenschaftlicher Unterricht 3/2013 (66. Jg.); S. 136 – S. 142

Pfeifer, Andreas (2014): Die Einkommensteuer – Beschreibung und Berechnung des Steu-ertarifs. In: RAAbits Mathematik 78, Raabe Verlag, März 2014

Pfeifer, Andreas (2016): Finanzmathematik – Lehrbuch für Studium und Praxis; Haan: Eu-ropa Lehrmittel, 6. Auflage

Städtler, Daniel (2019): Günstigerprüfung bei der Einkommensteuerberechnung unter Ver-wendung der Kapitalertragsteuer und des Einkommensteuertarifs; Darmstadt: Bachelor-arbeit Hochschule Darmstadt

Solidaritätszuschlag

7.1 Grundlagen

Zusätzlich zur Einkommensteuer ist in Deutschland noch der Solidaritätszuschlag zu zahlen. Im **Solidaritätszuschlaggesetz (SolZG)** heißt es:

§ 3 Bemessungsgrundlage und zeitliche Anwendung.

(2) Bei Veranlagung zur Einkommensteuer ist die Bemessungsgrundlage für den Solidaritätszuschlag die Einkommensteuer, ...
(3) Der Solidaritätszuschlag ist von einkommensteuerpflichtigen Personen nur zu erheben, wenn die Bemessungsgrundlage ...
1. in den Fällen des § 32a Abs. 5 oder 6 des Einkommensteuergesetzes 33.912 Euro,[1]
2. in anderen Fällen 16.956 Euro[2]
übersteigt. Auf die Einkommensteuer nach § 32d Absatz 3 und 4 des Einkommensteuergesetzes ist der Solidaritätszuschlag ungeachtet des Satzes 1 zu erheben.

§ 4 Zuschlagsatz.

Der Solidaritätszuschlag beträgt 5,5 Prozent der Bemessungsgrundlage. Er beträgt nicht mehr als 11,9 Prozent[3] des Unterschiedsbetrags zwischen der Bemessungsgrundlage und der nach § 3 Abs. 3 bis 5 jeweils maßgebenden Freigrenze. Bruchteile eines Cents bleiben außer Ansatz.

---

[1] Bis zum Jahr 2020 lag dieser Betrag bei 1944 Euro.
[2] Bis 2020: 972 Euro.
[3] Bis 2020: 20 Prozent.

Aus dem Solidaritätszuschlaggesetz ergibt sich:

1. Der Solidaritätszuschlag beträgt grundsätzlich 5,5 Prozent der Einkommensteuer.[4]
2. Bis zu einer tariflichen Einkommensteuer von 16.956 Euro (beim Grundtarif, Alleinstehende) bzw. 33.912 Euro (beim Splitting-Verfahren, Verheiratete) wird nach § 3 Abs. 3 SolZG kein Solidaritätszuschlag erhoben. Mit Hilfe der Formel (1.9) des Algorithmus in Abschn. 1.3.5 ergibt sich beim Einkommensteuertarif 2022: Bis einschließlich 62.439 Euro zu versteuerndes Einkommen ist kein Solidaritätszuschlag zu zahlen. Bei Zusammenveranlagung ist bis zu einem zu versteuernden Einkommen von 124.879 Euro kein Solidaritätszuschlag fällig.
3. Oberhalb der Grenze von 16.956 Euro bzw. von 33.912 Euro zu zahlender tariflicher Einkommensteuer (abgekürzt mit ESt) beträgt der Solidaritätszuschlag SolZESt in Abhängigkeit der Einkommensteuer nach § 4 Satz 1 und Satz 2 SolZG:

$$\text{SolZESt}(\text{ESt}) = \text{Minimum}\left\{\, 0{,}119 \cdot (\text{ESt} - 16.956);\, 0{,}055 \cdot \text{ESt} \,\right\}$$

bzw.

$$\text{SolZESt}(\text{ESt}) = \text{Minimum}\left\{\, 0{,}119 \cdot (\text{ESt} - 33.912);\, 0{,}055 \cdot \text{ESt} \,\right\}$$

beim Splitting-Verfahren.

Das heißt, ab 16.957 Euro bis einschließlich 31.527 Euro Einkommensteuer beträgt im Grundtarif der Solidaritätszuschlag weniger als 5,5 Prozent der gesamten Einkommensteuer. Die obere Grenze von 31.527 Euro wird aus der Gleichung

$$0{,}119 \cdot (G_o - 16.956) = 0{,}055 \cdot G_o, \tag{7.1}$$

erhalten, wobei G_o (ungerundet) die Einkommensteuer ist, bei der die beiden Werte zur Minimumberechnung gleich sind.

Wird nun die Gleichung (7.1) nach s aufgelöst, folgt

$$G_o = \frac{504.441}{16} = 31.527{,}56.$$

---

[4] Bei Eltern mit Anspruch auf Kindergeld bzw. bei Nutzung der Kinderfreibeträge ist der Solidaritätszuschlag nicht von der festgesetzten Einkommensteuer zu berechnen, sondern von einer fiktiven Einkommensteuer, bei deren Berechnung Kinderfreibeträge ohne Anrechnung des gezahlten Kindergeldes berücksichtigt werden. Auf diese Problematik wird hier nicht näher eingegangen.

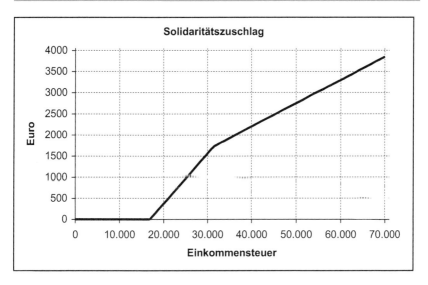

Abb. 7.1 Solidaritätszuschlag in Abhängigkeit der tariflichen Einkommensteuer

Entsprechend wird beim Splitting-Verfahren die Grenze Go berechnet, ab der der Solidaritätszuschlag 5,5 Prozent beträgt.

4. In der Abb. 7.1 ist die Höhe des Solidaritätszuschlags in Abhängigkeit der tariflichen Einkommensteuer dargestellt. Die Kurve besteht aus drei Geradenstücken. Das erste Geradenstück hat die Steigung 0, dann kommt ein Geradenstück mit der Steigung 0,119 und dann die dritte Gerade mit der Steigung 0,055. Streng genommen sind das aber keine Geraden(stücke), sondern nur Punkte auf einer Geraden, da bei der zu zahlenden Einkommensteuer wegen der Rundung nur ganze Zahlen vorkommen können.

5. Die Freigrenze gilt nur für die tarifliche Einkommensteuer. Bei Kapitalerträgen, die der Abgeltungssteuer unterliegen, gibt es keine Freigrenze.

7.2 Allgemeine Formeln

Insgesamt gilt also im Grundtarif für die Höhe des Solidaritätszuschlags in Abhängigkeit der Einkommensteuer ESt:

$$\text{SolZESt}(\text{ESt}) = \text{Maximum}\left\{0; \text{Minimum}\left\{0{,}119 \cdot \left(\text{ESt} - 16.956\right); 0{,}055 \cdot \text{ESt}\right\}\right\}.$$

Wird die Funktion in Abhängigkeit des zu versteuernden Einkommens x dargestellt, ergibt sich für

$$\text{SolZ}(x) = \text{SolZESt}\big(\text{ESt}(x)\big),$$

also für die Hintereinanderausführung der Funktion ESt und der Funktion Sol-
ZESt, die folgende Berechnungsformel.

**Solidaritätszuschlag SolZ in Abhängigkeit des zu versteuernden
Einkommens im Grundtarif:**

$$\text{SolZ}(x)$$
$$= \text{Maximum}\Big\{0;\text{Minimum}\big\{\,0{,}119\cdot\big(\text{ESt}(x)-16.956\big);\,0{,}055\cdot\text{ESt}(x)\big\}\Big\},$$

$$(7.2)$$

wobei x das zu versteuernde Einkommen ist.

Beispiel 1

Bis zu einer Einkommensteuer von 16.956 Euro ist weder im Grund- noch im
Splitting-Tarif Solidaritätszuschlag zu zahlen. Ein zu versteuerndes Einkommen
von 61.000 Euro führt zu einer Einkommensteuer im Grundtarif von 16.352 Euro
und somit zu keinem Solidaritätszuschlag.

Beträgt das zu versteuernde Einkommen dagegen beispielsweise 63.380 Euro
ergibt dies im Grundtarif eine Einkommensteuer von 1000 Euro mehr, also von
17.352 Euro. Dies führt zu einem Solidaritätszuschlag von 47,12 Euro im Grundtarif, denn der Solidaritätszuschlag darf nach § 4 Satz 2 SolZG maximal 11,9 Prozent von (17.352 Euro − 16.956 Euro) sein.

Auch nach der Formel (7.2) gilt:

$$\text{SolZ}(63.380)$$
$$= \text{Maximum}\Big\{0;\text{Minimum}\big\{0{,}119\cdot(17.352-16.956);\,0{,}055\cdot17.352\big\}\Big\}$$
$$= \text{Maximum}\Big\{0;\text{Minimum}\{47{,}12;\,954{,}36\}\Big\} = \text{Maximum}\{0;\,47{,}12\}$$
$$= 47{,}12.$$

Beim Splitting-Verfahren ist dagegen bei einer Einkommensteuer von 17.325 Euro kein Solidaritätszuschlag zu zahlen, da die Grenze für die Erhebung des Solidaritätszuschlags beim Doppelten von 16.956 Euro liegt.

Weitere Zahlenwerte für den Solidaritätszuschlag – auch beim Splitting-Verfahren – sind in der Abb. 1.7 enthalten.

Literatur

Bundesministerium der Justiz und für Verbraucherschutz (Hrsg.) (2020): Zweites Gesetz zur steuerlichen Entlastung von Familien sowie die Anpassung weiterer steuerlicher Regelungen (Zweites Familienentlastungsgesetz – 2. FamEntlastG); Bundesgesetzblatt Jg. 2020 Teil I, Nr. 58, S. 2616 – S. 2618. www.bundesgesetzblatt.de

Bundesministerium der Finanzen (Hrsg.) (2021): Lohn- und Einkommensteuerrechner. Online im Internet: https://www.bmf-steuerrechner.de (Abrufdatum: 9.9.2021)

Bundesministerium der Justiz und für Verbraucherschutz (Hrsg.) (2021): Solidaritätszuschlaggesetz; https://www.gesetze-im-internet.de (Abrufdatum: 9.9.2021)

Stichwortverzeichnis